人文社科
高校学术研究论著丛刊

融合新闻理论与实务

廖俊玉　主编

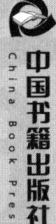
中国书籍出版社
China Book Press

图书在版编目 (CIP) 数据

融合新闻理论与实务 / 廖俊玉主编 . –– 北京 : 中
国书籍出版社 , 2021.4
ISBN 978-7-5068-8433-4

Ⅰ . ①融… Ⅱ . ①廖… Ⅲ . ①新闻学 – 高等学校 – 教
材 Ⅳ . ① G210

中国版本图书馆 CIP 数据核字（2021）第 067211 号

融合新闻理论与实务

廖俊玉 主编

丛书策划	谭 鹏 武 斌
责任编辑	成晓春
责任印制	孙马飞 马 芝
封面设计	东方美迪
出版发行	中国书籍出版社
地 址	北京市丰台区三路居路 97 号 (邮编： 100073)
电 话	（010）52257143（总编室） （010）52257140（发行部）
电子邮箱	eo@chinabp.com.cn
经 销	全国新华书店
印 厂	三河市德贤弘印务有限公司
开 本	710 毫米 × 1000 毫米 1/16
字 数	200 千字
印 张	10.75
版 次	2022 年 1 月第 1 版
印 次	2022 年 1 月第 1 次印刷
书 号	ISBN 978-7-5068-8433-4
定 价	60.00 元

目　录

第一部分 融合新闻采访

一、融合新闻采访的含义

随着大众传播技术以及互联网的发展,传统的新闻报道已经不再适合当前的传播环境,各类媒体纷纷寻求突破。融合新闻成为当前传统媒体寻求突破的一大方向。融合新闻在西方也被称为"多样性新闻",主要是指运用多种媒体手段进行新闻报道活动。因此,融合新闻报道也对新闻采访工作提出了更高的要求。新闻工作者要在海量的信息中发现有价值的新闻线索,进行深入的采访,并合理运用各种传播手段,形成一篇新闻报道。新闻采访在整个新闻生产流程中起到十分重要的作用,一名合格的记者必须具备专业的新闻采访技能。

20世纪80年代,南振中从语义学角度分析采访中的采字有两种含义,一是摘取,二是搜集。访字也有两种含义:一是访问、咨询,二是寻觅。艾丰在20世纪80年代初,试图从方法论的角度来探讨采访。艾丰认为,所谓新闻采访方法论是研究新闻采访活动中所包含的矛盾以及正确处理这些矛盾的科学。采访是新闻记者为了新闻报道而进行的采集分析新闻事实性材料的职业性活动。从采访与写作的关系上去认识,两者既紧密又有先后、主次之分,新闻采访有基础性、决定性作用。从活动的程序上看,先有新闻采访,后有新闻写作,程序不能颠倒;从新闻报道的材料来源和形成过程来看,事实是第一性的,反映事实的新闻报道是第二性的,先有事实,后有新闻,两者之间的媒介是采访;新闻采访和写作,其活动性质,一个是认识实际,一个是反映实际。采访决定写作,采访是写作的基础,写作则是采访的归宿;新闻写作常常反作用于新闻采访。

二、新闻采访的过程

新闻采访的大体过程——记者在一定报道思想的指导下,通过各种渠道获得新闻线索,有所准备地深入实际,深入群众,运用各种各样的采访方式和方法,广泛深入地搜集和挖掘新闻事实材料,并提炼新闻报道主题,考虑采写的安排。新闻采访的环节包括:明确报道思想、确定新闻线索、做好采访准备、开展采访活动和考虑采写安排。其中,明确报道思想,指新闻单位制定和执行的指导新闻报道的方针和具体实施办法。从新闻采访上来说,报道思想为记者指明了本单位在一定时期内宣传报道的目的、内容、范围、重点、步骤和要求,指明工作中要注意的带有普遍性、倾向性的问题以及报道中要掌握和注意的具体问题。考虑采写安排,一是根据不同新闻体裁的特点和要求来展开相应的采访活动,二是在采访中思考、提炼新闻主题并围绕主题进行深入采访和补充采访。

三、新闻采访的方式

新闻采访的方式、方法,指记者为完成采集新闻的任务所采取的手段及其表现出来的形式。主要有:

个别采访:记者选准某个具体的采访对象进行相互交谈从而获得新闻素材的采访。

现场采访:记者亲临新闻事件发生的现场,通过观察获得新闻素材的采访。个别采访主要通过口头提问,现场采访则主要依靠眼睛观察、召开座谈会。记者通过座谈的形式,同时向多个人了解情况,搜集和核实新闻材料。

蹲点调查:记者选择某一地点,针对某个重大题材而进行的较长时间的定点采访。

交叉采访:记者在一段时间里同时对两个以上的新闻线索进行采访的活动方式。

立体采访:也称全方位采访,指记者围绕某个事物展开多角度、多侧面的采访。

隐性采访:相对于显性采访而言。显性采访就是公开采访,指记者找到被采访对象后,出示证件或名片,公开记者身份,说明采访意图,谋求对方支持与合作。隐性采访指由于特殊原因而不公开记者身份,不表明采访目的的采访活动。

突击采访:对那些没有预兆,突发的重大事件的采访。

集体采访:一家新闻单位两名以上记者或两家以上新闻单位的多

名记者对某人、某事、某单位的共同采访。

电话采访：通过记者打电话的方式，找到被采访的对象，了解所需要的新闻材料的采访方式。

巡回采访：记者沿着一定的线路进行的采访考察活动。

易地采访：常驻记者到自己分工范围以外的地方去采访；跨行业采访，一般是对专业记者而言。

项目一　采访中的沟通技巧

一、基础理论

（一）符号的意义

符号是信息的外在形式或物质载体，是信息表达和传播中不可缺少的一种基本要素。人类是通过符号或符号体系来传递信息的。人类拥有最完整的符号体系。人类的符号体系中既包括信号，也包括象征符。由于语言（包括再现语言的文字）是人类最基本的符号体系，因此，传播学一般也将人类使用的符号分为语言符号和非语言符号两大类。

作为人类最基本传播手段的语言，是从劳动中并和劳动一起产生出来的。人类语言是一种具有音节区分的声音符号体系；与本能相关的声音较少，发音和语句在结构上具有逻辑性；具有自由模仿其他声音的能力；在没有外部刺激的情况下也能自主发声；能够自主地赏娱音声的节奏和韵律。人类语言具有超越历史时间和空间的能力，它不仅能够表述现在，而且能够表述过去和未来，不仅能够表述眼前的事物，而且能够表述在遥远空间发生的事情；人类语言具有无限的灵活性，可以表达任何具体的、抽象的甚至虚构的事物，在表达内容上几乎没有任何限制；人类语言具有发音的经济性，以有限的几十种元音和辅音，配之以声调变化，能够组合成数十万以上的语音单词。这说明，人类能够以最小的体能消耗来最大限度地发挥自己的音声能力。

人类语言具有巨大的能动性和创造性。生物学和动物学的研究成果表明，从新生代以来，动物界几乎没有增加发声类型，它们只能靠有限的声音和特定的化学或物理信号进行传播。而人类则不同，人类在使用语言的过程中表现出无穷的创造力。人类不断创造出新词语、新概念、新含义和新的表达方法,并且能够将声音语言转换成文字或其他符号体系加以记录和保存;人类不仅创造了自己的生活语言,而且创造出了科学语言、艺术语言以及以手语、计算机语言为代表的各种人工语言。语言的历史,同时也是人类创造活动的历史。换句话说,人类能够将对自然和环境的认识作为经验、知识和文化,利用以文字为主的各种体外化媒介加以记录、保存和累积起来,并通过教育和学习传授给后代,这是一种效率极高的信息传播方式。

（二）非语言符号的含义与类型

非语言符号大致分为以下几种类型:

第一类是语言符号的伴生符,如声音的高低、大小,速度的快慢,文字的字体、大小、粗细、工整或潦草等,都是声音语言或文字的伴生物,也称为副语言。副语言不仅仅对语言起着辅助作用,它们本身也具有自己的意义。一般来说,一个人说话的声音大小、速度快慢等,写成文字都是一样的,体现不出区别。但是,声调的高低大小、语气的和蔼生硬等,都具有特定的意义,起着加强语言符号的作用或传递着语言符号以外的信息,甚至文字的笔迹也可以反映出传播者的许多背景材料,例如书写人的个性、教育程度、修养以及写字时的心情等。

第二类非语言符号是体态符号(gesture),例如动作、手势、表情、视线、姿势等。由于它们也能像语言那样传递信息,因此有人也称之为"体态语言"。一般来说,体态符号既可以独立使用,也可以与语言并用,它们在形成语境(传播情境)方面起着重要的作用。

第三类非语言符号是物化、活动化、程式化的符号。如果说上述两类符号大多还是语言符号的辅助物,那么第三类符号更具有独立性和能动性。日本传播学者林进有这样一段论述:"在人的中枢神经系统中,处于比感觉——运动更高的层次并代表高度表象活动(即象征性活动)的,无疑是语言。但是,语言并不是唯一的继承性的观念体系。各种非语言的象征符体系如仪式和习惯、徽章和旗帜、服装和饮食、音乐和舞蹈、美术和建筑、手艺和技能、住宅和庭园、城市和消费方式等,都包括在其中。这些象征符体系在人类生活的各个领域都可以找到。各例都属于物化、活动化和程式化符号的范畴。这些符号有的以个体的、有的以组合的方式出现,但总的来说,象征性和体系性是这一类符号的特点。就拿一枚徽章、一面旗帜来说,上面都少不了形状、图案、颜色等符号或符号素的设计和搭配,由此来构成该符号所表达的象征性意义系统。

（三）采访沟通的重要性

新闻采访中最直接最常用的沟通方式就是言语沟通,新闻采访是同时由采访者和受访者的问答组成的。因此,记者的言语沟通能力十分重要,是决定了新闻采访能够顺利进行的关键。言语沟通使用的是语言,语言是由丰富、精确的词汇和科学的语法规则构成的,因此言语沟通是精确化的沟通,能较为精准地传递出人们的意愿。在新闻采访中,记者必须提前准备好清晰明了的问题,精准地传达出采访的主题与目的,循序渐进地让受访者回答问题,而不是让受访者"不知所云"。

非言语符号的沟通在新闻采访中同样扮演着重要的角色。非言语沟通中的目光、语调、语速、动作等,传递出的信息是模糊的,比如说某种情绪或某种态度等。非言语符号的传递是伴随着言语沟通产生的,可以辅助言语沟通进行表达,让言语沟通更加接近事实。在新闻采访中,记者要注意自己的非言语沟通,能够稳定受访者的情绪,改善受访者的心理状态,使采访的氛围更加和谐。同时,也要注意到受访者非言语符号的表达,以此了解受访者的心理变化,及时调整采访问题与节奏,提高采访的质量。

二、典型案例

采访实录｜陈睿谈 B 站的商业模式、驱动力及信仰[①]**【节选】**
哔哩哔哩(Nasdaq:BILI；英文名称: bilibili,简称 B 站)现为中国年轻世代高度聚集的文化社区和视频平台,该网站于 2009 年 6 月 26 日创建,被粉丝们亲切地称为"B 站"。2018 年 3 月 28 日,哔哩哔哩在美国纳斯达克上市。2021 年 3 月 29 日,在 B 站港股二次上市的这一天,B 站董事长兼 CEO 陈睿针对 B 站的上市及未来发展问题再次接受了记者的采访。

---

① 摘自《21 世纪经济报道》,2021 年 3 月 29 日,记者: 贺泓源,周圆缘。

问题 1：哔哩哔哩开盘后一度较招股价 808 元低了 7%，是否定价太进取，未能反映公司估值？

陈睿：按照香港的规则，需要我们在 IPO 之前提前好几天就把价格定下来。我们定价完之后，在上周大家知道，中概股遇到了过去五年来最大的一个跌幅。这应该算是一个"黑天鹅"事件，我们也关注到了这个情况。首先，在这种情况下，我们自己觉得能够顺利上市已经算是成功了。第二，对公司来说我有充分的信心，未来的发展、长期的股价应该会证明一切。

李旎（B 站副董事长兼 COO）：公司内部其实从来没有看股价的习惯，包括刚才仪式之后陈睿和我说了，我都还没有看股价。B 站是长期主义的公司，时间越长，越可以看到 B 站公司、B 站生态、B 站用户和 UP 主的价值，这是睿总一直在公司内部提到的"长期主义"，短期的股价、短期的情况并不会对我们有影响。

陈睿：回想起三年前在纳斯达克上市，当时刚好也遇到一系列大的股市波动。第一天，我们也破发了。今天有一种"Yesterday once more"的感觉。只不过三年前纳斯达克上市的时候我说过一句话：10 年后，没有人会记得哔哩哔哩的股票在上市第一天是涨还是跌，但大家会记得哔哩哔哩是一个发展得很好的公司。

问题 2：目前视频平台行业竞争激烈，尤其短视频平台，如抖音、快手等都成长很快，如何看待这种竞争下 B 站的优势？

陈睿：我一直认为视频化会是一个巨大的浪潮，不仅对于互联网行业，甚至对于整个社会。我认为未来每一个互联网的用户都会成为视频的用户，未来互联网上绝大部分的内容会是视频内容。视频在未来几年是一个增量的市场。它不仅是用户量的增大，从现在的 7 亿视频用户变成 10 多亿的视频用户，大家消费的视频数量、时长都会有很大的提升。在大的浪潮下，所有的头部视频平台都有很大的机会。无论对于 B 站还是其他同行，我们都面临巨大的增量市场。在这个市场上只要做好自己擅长的领域，都能在未来有很大的增长。其实过去几年大家也都可以看出，在同行的短视频产品增长最快的时候，B 站的增长也是非常快的。而且大家知道，B 站是以 PUGV 为主导的视频平台，我们上面有大量有趣、专业的内容，这些内容的生态在整个中国互联网行业中还是很独特的。最后，我们"内容 + 社区"与其他平台相比具有自身独有的特色，这些都足以让 B 站在未来几年能够快速发展。

李旎：B站的文化壁垒和社区壁垒足够高，无论在任何竞争环境下，B站的生态包容度也很强，只要生态足够发达，B站就可以把更多的创作者和用户吸引进来。

问题3：公司如何看待美国SEC可能落实《外国公司问责法案》的影响？目前是否有相应的对应措施？

陈睿：三年前，我们之所以选择首先在纳斯达克上市，是因为我们认为那时候美国的资本市场是一个开放的市场。所以，我是希望它能够保持这种开放，我认为开放是一个非常重要的竞争力。至于您问到的《法案》，我们现在也在密切关注、研究。

问题4：游戏收入的比重近年来逐年递减，B站未来收入结构的改变会如何？公司未来的发展战略在哪里？

陈睿：游戏收入递减的原因，是其他收入增长很快，其实游戏收入的增长也不慢。游戏，应该是B站最早做的一个业务，2014年就有游戏发行的业务，到现在历经7年，它逐步进入到了比较稳定的增长期。而其他的业务，比如广告、直播、大会员，在2017年、2018年以后才开始增长，开始比较晚，现在处于非常快的增长期，每年翻倍。这样的情况下，显得游戏收入的比重在减少。我觉得B站长期来看，仍然是多元化的收入模型。B站做收入的思路其实是消费，我们用内容吸引用户、社区留住用户，再提供给用户更多他感兴趣的内容或者是内容衍生的东西，如果用户喜欢就会去消费，这是我们的商业模式。在这种商业模式下，势必会是多元化的，喜欢游戏的人会玩游戏，喜欢看直播的会为直播付费，喜欢付费影视剧、动画片的会买我们的大会员。喜欢IP衍生品，会买会员购的周边。当然大部分的用户会喜欢这几样，比如他是《鬼灭之刃》的爱好者，既会付费看动画片，也会买周边，也许今后还会玩动画片同名的游戏。我认为B站未来的商业模型会是比较均衡的、多元化的收入模型。

李旎：做一个不恰当但有意思的比喻，B站在建筑年轻人喜欢的"城市"，里面我们会提供吃喝玩乐的各种消费场景给用户，他们就可以在这里安居乐业，这才是B站最核心的业务生态和商业模式生态。

……

【案例评析】

新闻采访活动是新闻记者出于新闻传播的目的,首先通过对相关事物的客观认识,然后再对相关事件进行观察或访谈,对采访客体进行的观察、询问、思索、倾听以及记录等采访活动。在新闻采访中,记者应全面、充分的了解相关采访问题的背景以及有关报道,并尽可能的秉持着客观、公正的态度去传播信息。

首先,在这次采访之前,B 站上市即遭破发,截至发稿前,报 780 港元,跌幅 3.47%。另一方面,国际局势已然影响到了美股上市公司 B 站。因此,记者需要在采访前全面了解到哔哩哔哩的上市情况,才能针对哔哩哔哩的此次上市情况提出疑问。其次,可以看出在此次采访中记者事先全面、充分的了解了哔哩哔哩的市场情况,包括短视频平台的快速发展,B 站的用户转变,以及 B 站的发展目标和营销策略等等,只有在全面了解企业情况的基础之上,才能充分地准备好采访问题,传达出大众想要了解但还不清晰的信息。

三、实训任务

实训任务一:言语沟通(如何认识采访对象、提问、倾听)

(一)实训项目名称

言语沟通

(二)实训目的与要求

通过采访实训,进一步了解和学习采访中的言语沟通,掌握采访中言语沟通的技巧。在采访的沟通中,需要提前准备好采访的问题,提前取得受访者的同意,注意把握采访节奏,引导受访者回答问题。

(三)实训场景设计

我们身边的校园每天也都在发生新的变化,同学们可以去发掘校园里和我们朝夕相伴的人们都有什么样的故事,或通过采访了解到我们校园的变化与发展,形成一篇新闻报道。

（四）实训内容

小组拟定关于校园采访的主题与对象,通过采访中的提纲设计及采访提问与倾听,认识采访中的言语沟通。

（五）实训方法与步骤

1.认识采访对象:在采访前,搜集采访对象的基本信息,预判采访对象的个性、沟通风格等。

方式:小组讨论确定采访对象和主题,分小组进行信息采集、辨别、分析,预判采访对象可能感兴趣的话题,设计话题,集中讨论后进行小组实践。

2.提问:在认识采访对象的基础上,设计采访提纲(尽量确定采访的时间、地点、时长,并预估问题的数量,提出问题、问题的类型、问题的顺序,采访提纲的备选方案)。

方式:在确定采访对象和主题的基础上进行提问设计。

3.倾听:建立坦诚/对抗的氛围,把握采访节奏(停顿、打断、微笑、附和/重复,陈述句/疑问句/感叹句,慎用追问);建议使用笔记记录采访信息,合理使用智能工具(在征得受访者同意后使用录音笔,摄影机等工具)。

实训任务二:非言语沟通(仪表、非言语符号)

（一）实训项目名称

非言语沟通

（二）实训目的与要求

在沟通中,信息的内容部分往往通过语言来表达,而非语言则作为提供解释内容的框架,来表达信息的相关部分。在采访中做好非言语沟通,可以更好地传达信息,有利于记者与受访者的沟通。

（三）实训场景设计

与实训任务一相同，也可自行进行设计。

（四）实训内容

与实训任务一相同，也可自行选择其他采访主题。

（五）实训方法与步骤

1. 仪表：根据受访者的身份来确定记者的仪表。例如，受访者是农民、工人等，记者的仪表应更趋于日常生活的装扮，从仪表仪态上拉近与受访者的距离，降低受访者的紧张感；而记者置身于严肃的采访环境中时，如政府会议采访等，则需要严肃的着装和仪表，以提高采访对象对自己的信任感。

2. 采访环境：采访环境选择恰当会对采访主题起到强化的作用，反之，不注意环境的选择容易造成信息传递错误。需要根据受访者的身份以及采访内容，选取合适的采访环境。同时应该避免杂乱的采访环境。

3. 其他非言语符号：根据受访者的身份及采访环境，进行采访时的表情、音高、肢体动作等的管理。例如，在采访过程中，要避免质问、呵斥、咄咄逼人的语调，避免个人情感的宣泄。在语调、音高、目光、肢体动作等非言语符号表达中，记者都应该表现出客观公正，平和自然的态度。

项目二　寻找校园新闻线索

一、基础理论

（一）新闻线索的含义

新闻线索是指已经发生、正在发生或即将发生的新闻事实的一种信号或简要信息，它的表现形式多种多样，大多是零碎的、不完整的，需要记者去作进一步的证实和了解。新闻线索能触发记者的新闻敏感，向记者指示新闻的存在，线索的获得是新闻采访的一个重要关口。新闻线索以某种客观事实为基础,表现往往是简单的、零碎的、不完整的,具有突现性,稍纵即逝,没有高度的新闻警觉,便把握不住,而且可信度小,变动性大。

此外,新闻线索不是新闻事实本身,二者不能简单等同。新闻线索可以从以下几个角度寻找:从上级机关和领导那里得到新闻线索,从编辑部那里得到新闻线索,从通讯员和广大人民群众中获得新闻线索,从会议中获取新闻线索,从各种书面材料中发现新闻线索;从报刊、广播、电视等新闻媒介的报道中发现新闻线索。此外,记者也可以有意识地对某些情况进行积累,顺藤摸瓜地发现新闻线索,或者在耳闻目睹、观察思考中获得新闻线索。

（二）新闻敏感与新闻价值

这些看似繁杂的新闻线索来源可以通过培养和加强新闻敏感而获得。新闻敏感在西方又称为"新闻嗅觉""新闻眼""新闻鼻",是记者发现和判断客观事实是否具有新闻价值的能力,是记者政治水平和业务水平的集中体现。新闻价值就是新闻客体的属性、功能对新闻主体的效应。或者说,新闻价值描述的既不是主体的新闻需要,也不是新闻客体的新闻价值属性,而是对象的新闻属性、功能对主体的效应,对主体的作用和影响。

具体而言,良好的新闻敏感可以迅速判断某个新闻事实的政治意义;判断一个新闻事实在诸多事实中,哪个重要,哪个次要,从而把最主要的事实突出表现出来;判断某个实施能够引起读者的普遍关注和共同兴趣;从平凡的事实中导出重大新闻的能力;透过纷繁复杂的现象,对事物的发展进程作出科学的预见,增加新闻报道的计划性。

因此,良好的新闻敏感可以帮助记者找到新闻线索,使记者每天有写不完的题材;帮助记者衡量事实的新闻价值,从而决定是否投入采访与报道;帮助记者独立思考,对各种复杂的现象进行正确的分析判断,从中发现重大新闻;帮助记者预知新闻的发生,有所准备地抓到重要新闻。培养新闻敏感没有捷径,新闻从业者应该认真学习政治理论,熟悉党的路线、方针、政策;重视实践经验的积累,注意扩大自己的知识面;掌握全局情况,关心群众生活。

（三）寻找校园新闻线索的方法

当学生记者初到校园时,首先要对校园的人员和机构构成、地理情况等进行熟悉。了解这些地方和人,可以帮助学生记者在最好的时间、最好的地点,得到所需要的信息。在熟悉的过程中,要读读各机构的通知公告、海报、新闻等相关信息,取一份向公众散发的宣传册子、地图或其他信息资料,请同学(学长/姐)带着走走。学生记者不仅可以看到新的机构和建筑物,还将看到带领者看它们的视角。比如,假设学生记者说服了一个学长/姐带着到校园四周走走,学生记者将对这个校园了解更多,也将对那位学长/姐自己重视的人、地方和问题了解许多。学生记者应该尽量将许多联系和信息碎片整合起来,可以从学长/姐的建议开始,但不要仅止于此。建立学生记者自己的可能采访到的机构、组织、人员类别的名单,与学生记者所属的校媒编辑一起检查一遍,以保证没有漏掉任何重要的信息。将这些机构、部门里重要人物的名字、职务、电话号码和其他联系方式编辑一下,同时要注意,名单里应该有教学秘书和职员的联系方式,这些人也是有价值的信息来源。有时候可以在没有报道需要的背景下与一些人聊一聊。如果有时间,可以与一位信息提供者一起吃顿午餐,这种轻松的氛围可以对这个人了解更多。

要与一些经常性的信源建立工作性的关系。学生记者不是在寻求获得或给予特殊的帮助,应该让其信源能够相信,学生记者会准确公正地报道,如果有人在校媒上指责他们,学生记者会征求他们的反映。对那些学生记者将经常采访的人,越早建立理解关系越好:他们需要知道信息不发表或不上记录时的基本规则。这样,当敏感或不愉快的报道出现的时候,学生记者能有解释的基础,并且他们对这个基础也有所了解。在这个过程中,应该突出记住那些看起来更友好或更有帮助的人。要培养这些关系,把它们保持在工作关系上,杜绝贿赂的可能。当学生记者逐渐习惯校园后,会形成一种习惯,就是与一些有帮助的人定期见面交流。在由熟悉到习惯校园的过程当中,应该认真地选择这些人,他们将是学生记者的新闻中尽可能多的信息来源。这个定期可能是每天接触的、每周接触的或者其他任何一段合适时间接触的人。

除了这些人以外的信息源,学生记者和他们的接触就是断断续续,或是根据需要了。定期接触的人包括:(1)那些能够告诉学生记者校园内事情发展的官方消息的关键人士。这些人通常包括机构或部门的主管人士，他们自己经常就是可以为学生记者提供评论的人士，还包括教学秘书、职员和其他一些可以为学生记者提供新闻发展线索的人。（2）公众文件被收藏的地方。这样学生记者可以检查最近的文件，看看有没有什么有新闻价值的东西被记录进去了，或者通过文件启动了。（3）一个经过长时间考验的"哨所"，比如饭堂。在那里学生记者可以与许多不同的人交谈，或听到他们交谈。这样学生记者就能紧密追踪人们是如何看待校园内的事物和问题的，也能很快地捕捉到新闻故事。学生记者需要建立这样的一种工作机制，以确保能够与人们和问题合拍。

　　学生记者还可以采取其他方法获得信息：（1）长期跟踪新闻——想些办法以跟踪事物和问题的发展。有些记者在日历上的重要日期里记上记号，其中包括一些决策机构的常规会议时间，比如一年一度的教代会等。（2）了解规则。有些情况下，你必须遵守那些为了安全目的而设定的程序或规则。在一些会议上，会给记者留有一个特别的地方；在一些活动或比赛中，记者会被事先安排出入证或带进场地。（3）了解职业文化。了解一下校园内的人们要做好工作必须受过什么样的教育；了解他们是否必须取得特别的任职资格证书，为保持任职资格证书，他们是否必须不断更新他们的技能；了解一点儿他们的工作手段，比如，如果报道老师，应该了解老师职称评定的情况，如果报道后勤人员，就了解一下本校和其他学校的薪资标准。（4）留意学校各机构或部门的网页和其他媒体上的相关消息。（5）参加座谈会，加入学校社团。

二、典型案例

《××高校学生频频被人扎车胎，陈××：让他／她别扎我车，扎我》①
【节选】

　　10月9日上午10点59分，××高校树洞君在其空间发了一条说说，说说中一张截图，是一位××高校学生匿名说自己被扎轮胎的事情。

---

① 摘自树洞君2020年10月9日，标题编者有所改动。

君君，我最近碰上事了。国庆前我的车被扎了一次（停20栋楼下），很明显，补胎的人说是被人扎的，今天早上停六教楼下又被扎了，这次扎的侧面，我上课前还好好的。

一是想提醒一下大家小心
二是想问问 大家有没有遇见被扎胎的情况 好害怕 我是被盯上了吗

马住

上午10:13

对了，还想通过君君告诉扎车胎那个人，他这次扎的位置在侧面，平时轮子怎么滚都不会碰到的地方，一看就不是巧合，这一次我去找保安叔叔了，他跑不掉的

图为 ×× 高校树洞君发布的截图

⋯⋯

这张图片发布后，关注此事的同学产生了讨论。

瓦舍评书：被扎车胎的妹子，是不是乱停车，惹怒人家了？如果是这样，被扎胎还可说得过去。如果井水不犯河水，到处扎车胎的人，起码精神不正常

三尺Sui 回复 瓦舍评书：这倒没有 都停在线内

做人列最紧要系撸猫 回复 瓦舍评书：可是那个地方平时就总是停很多车的，我只是看见有空位就插进去啦

瓦舍评书 回复 三尺 Sui:　　那边的情况不清楚，这边的乱停乱放浪严重，每个人想知道注里面停放会出不来，所以一个个都注外停，看到自己的车屁股被顶着出不来出现扎胎报复心理正常

瓦舍评书 回复 做人咧最紧要系撸猫:不了解情况，有时不是划线就能停那么简单，例如车停放要到位，既不一车占两位，又不可阻碍其他车辆出入，这点鲜有人做得到，还是要看扎胎的人到底是出自何种目的

做人咧最紧要系撸猫 回复 瓦舍评书:我们宿舍楼下都是单排停车的，所以不存在挡到别人的情况，我是有点搞不通了

图为说说下同学的评论

……

当天下午 1 点 04 分,陈××借助××高校树洞君这一平台,实名发布了自己也被扎轮胎一事。

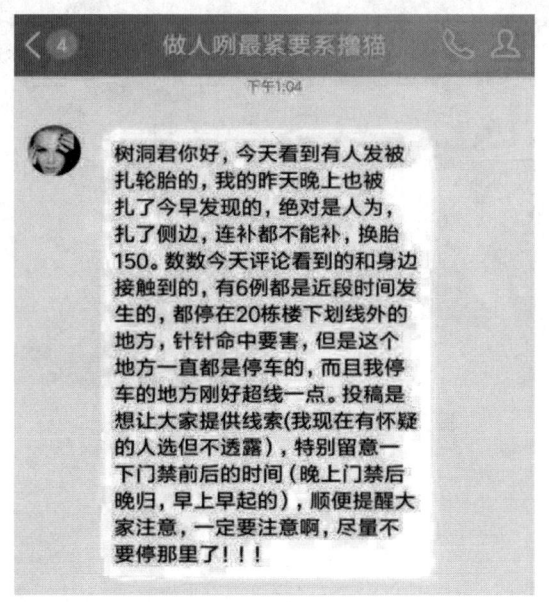

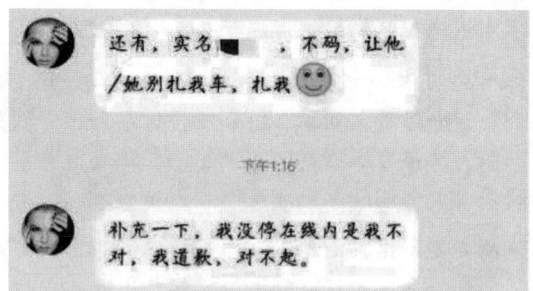

图为 ×× 高校树洞君发布的截图

……

当天晚上 21 点 03 分，×× 高校树洞君发布的一条说说里包含了此事最终结果的截图。

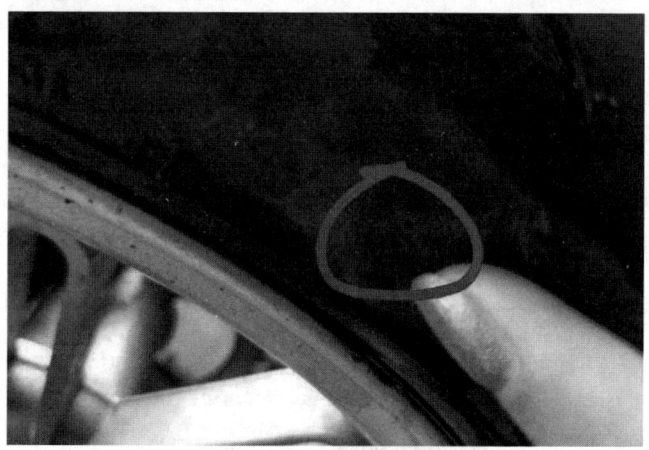

图为陈 XX 提供的轮胎被扎的照片

树洞晚上好，我是轮胎被扎爆的陈孔月。今天去保卫科做了登记也让几个认识的人去做了登记，下午保卫科回电说查出来了，当时我正在外面，当事人在保卫科，保卫科不愿意在电话透露当事人是谁，后来在学校的学妹说了，是烧烤摊的阿叔扎的，这是保卫科的同志说的所以不是虚构。学妹还说她当时去了保卫科，当事人态度恶劣，也不道歉，就问了补胎多少钱然后把钱放在沙发上。我想说就算你觉得别人的车挡到你了，最过分放个气，扎轮胎多缺德啊。

下午8:47

还有想和大家说，我朋友的手机落在烧烤摊，被烧烤阿姨拿了（刚好有同学看到）后来朋友发了寻物启事，并且有人告诉他有同学看见阿姨拿了，所以他就想去找阿姨要回来，第一次阿姨居然说没有拿，再后来好像是差点要搞到对质阿姨才还回来（这里我不太记得具体情况了）。所以个人觉得这两个人品行不佳。今天保卫科也说了学校方面的处理，要停业整顿一段时间，对于这个结果我觉得已经很严重也足够了，但是对于这种人我以后都不会再去买他的东西。而且真的很难受，平时看起来老老实实的阿叔阿姨居然能做出这种事，觉得很不可思议。

谢谢

图为 XX 高校树洞君发布的截图

······

结果一出，说说底下有人评论。

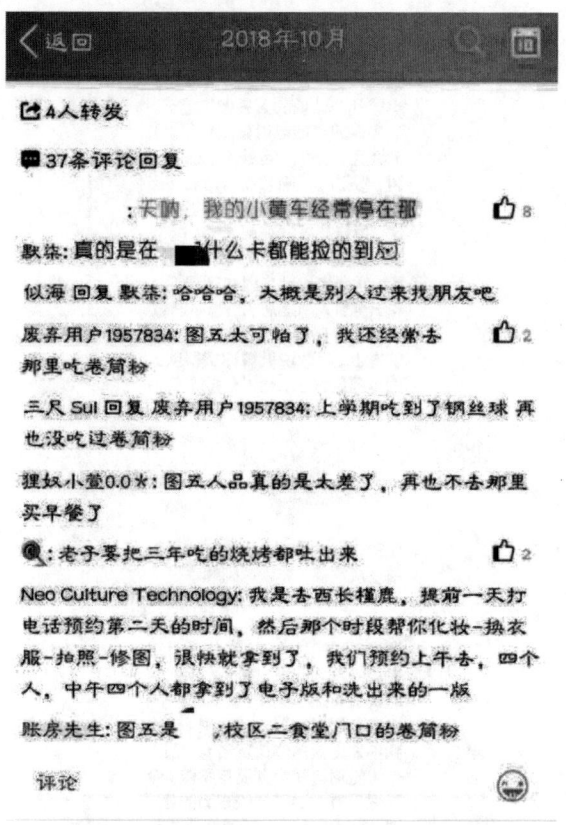

图为说说下同学评论的截图

而直至今日,该烧烤摊并没有停业整顿。"可能是他们两夫妻又去学校那边求情了,然后本身我们自己也有错在先的,然后学校那边就会觉得他们态度已经很诚恳了,我们也有不对在先,只是他们两个人的形迹比较恶劣,然后比较过分过激,所以也没有太追究到底说一定要让他停业怎么样。"陈 ×× 说:"我们也有不对的,我们当时是有几辆车停在了线外的,所以他(烧烤摊老板)就觉得我们挡到了他的生意,然后就扎我们的车胎。这是他自己说的。"

图为烧烤摊（左）、停车点（中）、学生宿舍楼 20 栋（右）的位置关系

所有轮胎被扎的同学也还未收到赔偿。"我们第一天去做了登记，然后第二次又去拿那个收据（就是我换胎的收据）给了保卫科，然后保卫科的人是说等到他的赔偿到了的话就打电话联系我们，但是他也没有具体说哪一天让我们去拿赔偿，所以说现在那个赔偿还是没有拿到。"陈××介绍说。

【案例评析】

新闻线索并不是事件本身，二者不能等同。记者在进行新闻线索的发掘以及采访时，不能只局限于事件本身。在这篇校园新闻中，对于轮胎被扎这件事情，文章仅仅报道了事件发生的大概经过。并且关于受访者的材料，只有当事人给"树洞君"发送的言论。另外，扎别人轮胎的烧烤摊店主作为此次事件中的重要人物，并没有对他进行采访。新闻应该尽可能地对涉及事件的人员进行采访，以尽可能地还原真实事件。因此对这件事件，可以以被扎电动车轮胎的同学为线索，采访当事人、烧烤摊摊主、保卫科人员等，给予相关人员发声的同等机会，充分了解事件发生的原因、经过和结果。

避免工作盲目,有利于采访的深入,提高采访能力。

采访的日常准备,又称采访的平时准备,是指记者在日常生活中根据新闻采访工作的需要而进行的长期的、经常性的准备工作。具体内容包括:明确报道思想,掌握全局情况,汲取百科知识,积累各种资料,训练业务能力。

采访的临时准备,指记者在明确新闻线索之后,与采访对象正式接触之前,在材料上和采访的安排部署上所作的一系列准备性工作。

(二)新闻准备的内容与要求

做好新闻准备,是确保采访进行的必要工作,要做到以下几点:

1. 研究采访对象,搜集相关材料,制订采访计划。

(1)选定采访对象。

(2)选择采访角度。

(3)考虑采访的方式方法。

(4)确定报道的范围、重点、步骤、周期、初步考虑报道的体裁、字数、截稿时间,作好疏通采访渠道的准备。

2. 根据采访主题与对象,设计采访提纲。

(1)要根据已经掌握的材料来准备问题。

(2)要根据采访任务和写作体裁来设计提纲。

(3)要按照时间顺序和逻辑联系设计提纲。此外,要做好物质准备(纸、笔、墨水、录音设备等)。

二、典型案例

以下是一名学生提交的采访提纲。

采访目的:学校里学生和老师对毕业论文的了解和看法。

采访对象为,大一新生、准毕业生、论文指导老师。

采访的步骤:大一新生:(1)是否知道毕业论文的相关信息;(2)信息来源;(3)感想和打算。

准毕业生,听听他们对毕业论文的看法:(1)毕业论文的相关信息;(2)感想和打算;(3)对大一新生的建议。

论文指导老师,了解他们对于多年毕业生对论文的态度和做法,以及对大四学生的忠告:(1)对于多年毕业生对论文的态度和做法;

（2）对大一新生的建议；（3）对大四学生的建议。

采访的方式，学生：面对面，一对一；老师：面对面，多对一。

可能遇到的问题：拒绝采访；采访中断；设备故障。

解决的方法：拒绝采访，同意并另约时间；采访中断，当场协助采访对象解决问题，无法当场解决的，立即另约时间；设备故障，必要设备，请搭档解决，采访能不中断就不中断；非必要设备，继续采访。

【案例评析】

概念模糊导致采访对象范围模糊、采访问题过于简单，进而使得采访主题模糊。采访目的所说的学校指的是某一所学校，比如是记者所在的学校，还是采访对象所在的学校，采访对象是否是同一所学校里的人，是否是同一所学校里同一个专业的人；或采访目的中的学校指的是几所学校，采访对象是否来自于这几所学校，采访目的中的学校和采访对象，与记者即将要写的新闻主题是否一致。每所学校的不同专业对本专业的毕业论文要求可能不同，但该采访提纲没有体现出这个差异。如果新闻主题是关于不同专业的毕业论文普适性的要求，则该主题的采访范围应该较大，采访步骤和问题的设计过于简单。显然，采访提纲的设计没有经过全面的背景资料收集，以至于无法周到地考虑采访的每个步骤。

三、实训任务

实训任务一：收集全面、完整的背景资料

（一）实训项目名称

背景调查。

（二）实训目的与要求

新闻报道中，需要充分了解新闻事件发生的背景，以确保新闻的真实性和客观性。在本次实训中，需要做到尽可能全面完整地收集事件发生的背景，将事件发生背景与采访主题融合起来，使新闻采访更加全面深入。

（三）实训场景设计

毕业论文是每年毕业季大家所关注的一件大事。今年毕业论文的质量如何,取得什么样的成果,未毕业的学生对未来的毕业论文撰写有什么样的看法等,都可以尝试着从中挖掘出新闻报道。

（四）实训内容

通过对毕业论文的调查报道,进一步加深对新闻采访流程的理解,积攒新闻采访的经验。

（五）实训方法与步骤

1.确定采访的对象及主题。

2.根据采访对象及主题,收集全面、完整的背景资料。例如专业毕业论文的现状和原因,评析已有的新闻报道。

3.进行方式:以小组为单位,根据本小组的报道主题收集资料。

实训任务二:预采访

（一）实训项目名称

预采访。

（二）实训目的与要求

正所谓"磨刀不误砍柴工",预采访是新闻采访中的"磨刀"环节。做好预采访可以使新闻采访更顺利地进行。通过本次实训项目,明白预采访的重要性。

（三）实训场景设计

在确定好关于毕业设计的采访主题、对象以及采访提纲等准备工作之后,进行本次新闻采访的预采访工作。

（四）实训内容

通过预采访,发现尚且存在的问题,并能做到提前改正,保证正式采访的顺利进行。

（五）实训方法与步骤

1. 根据小组收集的资料确定预采访的对象、时间、地点和问题、确定预采访的方式、准备设备。

2. 记录预采访中出现的问题，并准备好解决方案，避免在正式采访中再次出现。

项目四 消息采访模拟

一、基础理论

（一）消息的含义

消息除了泛指新闻与信息量两层含义外，即指新闻体裁的名称，是新闻报道中最基本、最常用、最重要的体裁。它用最快的速度、最直接的方式、最简洁的文字向受众传播最大量的信息，历来是新闻报道的正宗。消息分为两类：一类是动态消息，即迅速简洁地报道最新发生的新闻事实，通常一事一报、一二百字而已；另一类是综合消息，即对某事物或同类事物就一个主题进行分析综合。

（二）消息的组成部分

消息主要由五部分组成：标题、导语、主体、结语和背景。无论是动态消息或是综合消息，首先都要说清新闻的六要素，即时间、地点、人物、起因、经过、结果。

1. 消息的标题

消息的标题分为单一结构式的标题以及复合结构标题。首先单一结构标题，结构比较简单，仅仅有一个标题，通常是由一个完整的句子组成，表现出报道的主要事实。复合式标题则是由引题、正题、副题三个要素。引题为引出主要的新闻事实进行铺垫；正题交代清楚新闻的主要事实；副题主要是对正题的内容进行进一步的补充。一般来说复合式标题主要是由引题和正题构成或正题和副题构成。

2. 消息的导语

导语是消息的开头，一般指开头部分的一句话或几句话，常是第一个自然段，也有的延在第二个自然段。它用简明、生动的语言把新闻中最重要、最精彩或最吸引人注意的事实提炼、概括和展示出来，以唤起读者的继续阅读。

3. 消息的主体

消息的主体功能主要是：为导语展开丰富的材料；解释证明导语中提出的观点；满足读者了解新闻详细内容的要求。消息的主体部分的写作要与导语相辅相成，给导语的论述提供事实支撑。另外要明确标题阐述的事实，选取的材料应是典型充分的，写作的结构要层次分明。

4. 消息的结语

结语指的是消息的最后一段或最后一句话。主要是为了阐明消息包含的主体事实的意义，使读者对消息有更清楚的理解。结语的写作方式主要有几种：循环式结尾，即回到导语，对导语进一步的补充，以形成首尾呼应；用引语结尾；对未来进行预测，即以事件的下一步行动来结尾；用故事高潮来结尾，这种方式适合故事性较强的报道；用背景事实结尾，事实写完了，文章就结束了，结尾就在事实之中。

5. 消息的背景

消息的背景指的是新闻背景对人物和事件起作用的历史情况或现实环境。消息的背景主要起到说明、解释新闻的作用。对新闻的背景进行补充，还可以揭示事物的意义，唤起社会关注。另外用背景进行对比衬托，可以突出事物的特点及变化。累加同类的事实，也可以开阔读者的视野。对于消息背景的选择，要注意选择能说明问题的背景，有新闻价值的背景和背景的广泛性、多样性。选择的背景要紧扣报道主题。

二、典型案例

渐进式、有弹性、有差别地实施——权威专家前瞻延迟退休改革动向[①]
【节选】

2021年3月12日公布的"十四五"规划和2035年远景目标纲要明确提出,按照"小步调整、弹性实施、分类推进、统筹兼顾"等原则,逐步延迟法定退休年龄。

这些原则分别指的是什么?接下来到底怎么改?记者专访了人社部中国劳动和社会保障科学研究院院长金维刚。

小步调整——每年延迟几个月或每几个月延迟1个月

金维刚:小步调整简单理解就是延迟退休改革不会"一步到位",而是采取渐进式改革,用较小的幅度逐步实施到位,每年延迟几个月或每几个月延迟1个月,节奏总体平缓。

也就是说,政策实施后,退休年龄线会往后慢慢推。比如说,原本满50岁退休的女性,政策实施后,第一年,变成50岁1个月或几个月退休。不同年龄段的人,退休年龄不同。以此类推,经过若干年过渡期完成改革。

可以确定的是,改革前期,临近退休的人,只会延迟1个月或几个月,不会出现一下子晚退休几年的情况。

对年轻人来说,延长的退休年龄幅度会大一些,但未来有很长的过渡期和适应期。

弹性实施——个人会有自主选择提前退休的空间

金维刚:延迟退休不会搞"一刀切",不是规定每个人必须达到延迟后的法定退休年龄才能退休,而是要体现一定的弹性,增加个人自主选择提前退休的空间。

这是延迟退休改革最大、最重要的特征。

客观地讲,不论是从不同职业群体、不同岗位的就业稳定性和工作强度看,还是从个人身体状况、家庭需求和价值追求看,都存在较大的差异,由此产生的诉求各不相同,有的人希望多工作,有的人希望早退休。

延迟退休改革,应该充分考虑这些多元化需求。在统一实施的基础

---

① 摘自新华网,2021年3月13日,记者:姜琳。

上,结合我国的现实国情、文化传统以及历史沿革等情况,增加弹性因素,允许个人根据自身情况和条件,选择提前退休的具体时间,充分体现改革的灵活性和包容性。

分类推进——不同群体、不同性别将继续保持退休年龄差异

金维刚:延迟退休不是"齐步走",而是要与现行退休政策平稳衔接。

我国现行法定退休年龄男职工 60 周岁、女干部 55 周岁、女工人 50 周岁,政策有所不同。实施延迟退休改革将区分不同群体,采取适当的节奏,稳步推进,逐步到位。

对于现有不同职业、地区、岗位存在的一些政策差异,改革后也会保持政策延续性,确保政策调整前后有序衔接,平稳过渡。

……

【案例评析】

综合消息是由许多不拘泥于时间、地点的事实,经过综合、归纳、概括、提炼而成,综合消息在新闻的时效性上比动态消息要稍弱,而主题性较强,具有鲜明的指导性。

延迟退休问题是近年来群众比较关心的社会问题之一,2021 年 3 月 12 日,国家公布了"十四五"规划和 2035 年远景目标纲要,明确提出了相关原则。该篇消息是新华社记者采访人社部劳动保障问题的专家,通过权威解读政策,为受众理清了新型出台的关于延迟退休原则的相关疑问。

小标题式结构与倒金字塔式结构是现今媒体常用的消息写作的结构形式,该则消息在写作上采用了小标题式结构,将专家的解答分为"小步调整""弹性实施""分类推进"等三个层面,具体说明了如何理解"渐进式、有弹性、有差别地实施"的延迟退休政策,以及采取这一方式方法的原因。三个层次之间是一种递进关系,将这则政策性消息阐释得清晰明了。

三、实训任务

实训任务一:如何拟新闻标题

(一)实训项目名称

如何拟新闻标题。

（二）实训目的与要求

标题是新闻的眼睛,也是新闻内容的精髓所在。好的标题,不仅能够反映出新闻的内容,还能把其中的神采传达出来。明确新闻标题的结构和写作方法,写出的新闻标题要题文一致、一语破的、简洁明快、旗帜鲜明、生动活泼。

（三）实训场景设计

通过对已有新闻消息的标题进行评析来认识了解新闻标题的结构和写作方法。

（四）实训内容

评析新闻标题。

（五）实训方法与步骤

标题1:"中国茅台·国之栋梁"2020希望工程圆梦行动启动
评析:该标题为单一式结构的标题,只有主题,没有引题和副题。单一式标题只有主题而无辅题,主题可以是一行题或两行题(又称双主题)。多数状况下,为了了解事实,标题可以是一两行甚至是三行。主题说明新闻中最重要的事实和思想,是标题中最主要的部分。
标题2:《中小学气象知识》出版　成滨海新区气象科学课程通用教材
标题3:南信大高标准海内外招才引智 最高可获百万元年薪
评析:复合式标题有主题和辅题,辅题包括引题(肩题)和副题(子题)。引题又名肩题,副题又名子题。在标题中,可以同时具有引题和副题,也可以是只有其中的一种。即形式为:①引题+主题,②主题+副题,③引题+主题+副题。

引题是位于主题之前的辅题,主要作用是引出主题,最常见的是通过交代和说明相关的背景、意义、目的、原因、结果。引题文字宜简洁,最好不要超过一行,否则,喧宾夺主,不利于主题的突出。标题2中,引题"《中小学气象知识》出版"交代的是具体事实。

副题位于主题之后,主题不能完全包括或表述的重要内容,往往由副题来承担。副题主要起补充和解释主题的作用。标题3副题"最高可获百万元年薪"作为主题"南信大高标准海内外招才引智"的补充对文章的阅读也起到了吸引作用。需要注意的是,写作中一定要合理安排标题结构,正确体现辅题与主题之间的逻辑关系,制作标题时要注意把这种逻辑关系正确清楚地表现出来。

标题4:香港舆论和各界热议习主席重要讲话

珍惜优势,把握机遇,与国家一同发展

评析:按新闻标题对新闻内容的表意程度来分,有实题和虚题。所谓实题就是表意实在、具体的标题,其特点是以叙事为主,直接概括性地表明新闻的基本事实,着重表现具体的人物、动作和事件。所谓虚题,是与实题相对的,其特点是以说理、议论为主,直接明确地标示新闻内容所包含的政策原则、理论观点、要求愿望,指出其具有普遍意义的原则、观点、方法、精神风尚,阐释新闻的意义,揭示新闻的本质。在标题4中,"香港舆论和各界热议习主席重要讲话"直接概括性地表明新闻的基本事实,是实题,而"珍惜优势,把握机遇,与国家一同发展"是对习主席讲话的观点进行了概括。

实训任务二:如何把握倒金字塔式结构

(一)实训项目名称

如何把握倒金字塔式结构。

(二)实训目的与要求

倒金字塔式结构,即把最重要、最新鲜的事实放在最前面,其他内容按事实重要程度与新鲜程度的大小依次排列,呈"头重脚轻"的"倒金字塔"状态。这其实也是写作上的一种倒叙法。它是消息写作中最为常见的基本结构。

导语要概括新闻事实的要点或者交代最核心、最重要的新闻要素,消息的主体部分从第二段开始每个段落按照重要程度递减的顺序提供次要的新闻事实或者对导语中的新闻事实进行详细说明。在倒金字塔结构中,消息的每个段落都包含新闻信息,且都具有新闻价值,但后面每个段落的重要程度都要低于前面的段落。

（三）实训场景设计

通过对倒金字塔结构新闻消息进行评析来认识了解倒金字塔结构和写作方法。

（四）实训内容

评析新闻消息。

（五）实训方法与步骤

例子：世界上最大的石油钻塔开始移动[①]

美联社苏格兰基肖恩，5月5日电世界上最大的石油钻塔——也许是世界上最大的能够移动的东西——今天开始了从苏格兰西岸到尼尼安油田的430英里的第一段行程。

这个价值3亿英镑（5.4亿美元）的60吨钻塔正在由8个牵引船拖到它的新址，该地设在得兰群岛西北105英里。这一行程需用14天。

随着这个钻塔的启运，英国的钻机工业发现自己再度陷于危机。苏格兰北部的8个建造厂有一半现在关门了，只有一个工厂今年年底以后才有工作。

这个钻塔高达500英尺，它的混凝土钻台伸入水面以下275英尺。

建造这个巨型钻塔的霍华德·多丽丝公司的肖基恩湖建造厂，目前也成了寻求订货的厂了。

预计今年北海石油开发工程的投资为5亿英镑（9亿美元），其中不到五分之一将用来建筑混凝土钻台。

据认为，混凝土钻台性能较好，因为它抗腐蚀。

评析：导语（第一自然段）。事实中最重要或最精彩的部分，或事实的关键点，安排在导语中向读者报告。导语中，又要把最重要、最精彩的话，作为第一句。现在的第一句，是把最重要的事实本身先概括性地告诉读者。由于英语的句法与汉语不同，如果去掉第一个破折号之后的话，导语就是一句话，包括电头在内，已经把时间、地点、事情本身、行程距离，起止地点都作了交代，用一句话无形中将消息的基本要素大多表

[①]　资料来源：陈力丹.谈谈消息的倒金字塔结构[J].采写编，2000.

达出来,表达本身就是一种艺术,并且相当简练。

第二部分进一步说明或解释导语中谈到的事实的材料。这些材料仍然按照问题的轻重缓急安排,可分为若干段落。现在的第二段和第四段,是关于这件事实的进一步交代。至此,消息本身已经相当完整。第二段的内容显然比第四段重要些。

第三部分是必要的背景材料,也按照重要程度编排。现在的第三段和第五段,属于这件事实的背景材料(由事件本身直接引发的状况)。第三段的内容是总体背景材料,第五段是具体背景材料。

最后是次要的补充材料。现在的第六、七段,便是次要的关于背景、事实本身的补充材料。

项目五 通讯采访模拟

一、基础理论

(一)通讯的含义

通讯,是运用叙述、描写、抒情、议论等多种手法,具体、生动、形象地反映新闻事件或典型人物的一种新闻报道形式。它是记叙文的一种,是报纸、广播电台、通讯社常用的文体。通讯的类型有:人物通讯、事件通讯、工作通讯、概貌通讯、新闻故事、文艺通讯、主题通讯、旅游通讯。最常见的是:人物通讯和事件通讯。通讯是应用写作研究的重要文体之一。

(二)通讯的特点与特征

一般来说,通讯有五大特点:严格的真实性;报道的客观性;较弱的时间性(相对新闻消息而言);描写的形象性;议论色彩较浓。

通讯特征概括如下:

1.报道详细深入。这是区别于消息的一个显著特点,要对事件的来龙去脉、重要环境,背景做具体描写。

2.注重思想意义。报道那些人们普遍关心的、有现实意义的题材,还讲究主题的开掘。

了一个很好的氛围。"张俊峰说。

度过了最初的适应期，兄弟俩很快成了地道的"村民"。张剑峰从网上买来了一辆摩托车，成天在山村里穿梭。张俊峰也经常借村里煮饭阿姨的摩托车，四处转悠。

"早期，我们不管多辛苦，都想抽空回家。现在我们是回到广州就不想回村，回到村里又不想回广州了。"张剑峰说，这既有路程远的因素，更有心底对那个地方的认同，那里也是自己的家园。

……

【案例评析】

这是一篇事件通讯。所谓事件通讯，就是报道典型的、有普遍教育作用的新闻事件。写事当然离不开事件有关的人，但它不像人物通讯那样着力刻画人，而是以事件为中心，在事件的总画面中，为了写好事来写人。它既可以反映现实生活中发生的重大的、振奋人心的典型事件和突出事件，也可以从某一新闻事件截取一个或若干个片断，进行细致详尽的描述，揭示事件的深刻含义，还可以是若干事件的综述。

近年来，为响应党中央"精准扶贫"的号召，广大党员干部深入基层一线、田间地头、与农民朋友共同生活、共同奋斗，取得了脱贫攻坚的巨大胜利。该篇通讯通过记叙一对担任村支书的兄弟帮助村民脱贫的故事，反映出习近平总书记精准扶贫、精准脱贫思想在广大农村的具体实践。该报道通过大量生动形象化的细节、记叙了兄弟二人上任后辛勤工作、与村民齐心协力、攻坚克难的先进事迹。通讯将宏观的扶贫政策与人物活动轨迹相结合，在结构安排上构思巧妙，借鉴了"平行蒙太奇"的电影镜头的叙事手法，将两兄弟的事迹分开交代，又有机融合。文章综合运用了记叙、描写、议论、抒情等表达方式，人物语言、行动记叙生动，有很强的镜头感。

三、实训任务

实训任务一：如何做通讯

（一）实训项目名称

通讯实践培训。

（二）实训目的与要求

1. 让学生快速了解通讯写作的相关知识要点。
2. 对通讯稿件有鉴赏分析能力,能够赏析优秀的通讯作品。
3. 提高学生通讯写作的实践能力,能够独立完成通讯的完整写作。

（三）实训场景设计

设立通讯采写实践课程,分成理论课与实践课两个部分。理论课上分析通讯写作的技巧、教师对优秀通讯稿件进行解析。培养学生对于通讯写作理论知识部分的掌握,提高学生的写作兴趣和技巧。实践课上给予学生实践作业,引导学生从寻找选题到实地采访到通讯写作,完成通讯创造的全过程。帮助学生形成通讯写作的整体思路,促进学生完成通讯的独立写作。

（四）实训内容

具体实训内容包括理论知识教授和实践写作培养。

（五）实训方法与步骤

如何做选题有以下步骤,可供学生参考:

1. 寻找选题。一个选题的好坏直接决定一篇通讯的价值与水平。不同的选题所带来的写作思路也是不同的,有了好的选题才算开了一个好头。要去解析好的选题,分析已有的新闻报道,找出让人疑惑的地方,根据某一兴趣点做充分的调查。

2. 采访准备。要完成通讯的写作,采访是必须要做的事。而要做好采访,充足的采访准备可以让自己事半功倍。列好采访提纲,提前了解采访对象,做好采访计划。在采访过程中注意并记录,观察现场的情况,及问问题得到回答时对方的反应;在你感兴趣的地方追问。

3. 素材整理和思路构思。采访之后所得的采访资料需要通过系统的梳理来理清思路。找到其中的关键信息点,在写作前形成完整的写作思路。

4. 正式写作。在正式写作通讯的过程中要对写作规范特别注意,注意用新闻化的语言,对于关键信息点进行着重描述和重点刻画。写作完成之后也要注意检查语言是否通顺。

实训任务二:如何判断选题的价值

(一)实训项目名称

寻找选题,判断选题价值。

(二)实训目的与要求

培养学生选题判断能力,激发学生选题灵感,辨析选题价值。

(三)实训场景设计

通过对通讯文章的剖析,分析文章的来龙去脉,教师通过引导来启发学生对于选题来源的思考,判断选题的价值。

(四)实训内容

具体实训内容包括课上教师对于通讯文章的评析以及课下布置学生关于选题判断的课程练习。

(五)实训方法与步骤

我们要如何判断选题的价值? 一个好的选题,应该具有以下六个方面的特质:

1.时效性。新闻无论怎么追求时效性都不为过,如果是一个新的热点选题,它首先就在时效性方面有了更高的价值。

2.重大性。选择选题需要参考选题的重要性,越重要的新闻越有报道价值。

3.典型性。一个好的选题往往来自于典型案例、典型新闻。具有典型性的选题具有更典型的新闻价值,也更具代表性。

4.延续性。新闻通讯往往是比消息具有更多的信息量,也需要更多的文字加以阐述。有延续性的选题可以使通讯写作有更多的可写之处。

5.贴近性。贴近读者、贴近群众是做新闻的一条准则之一。选题具有贴近性可以吸引更多的读者观看和阅读,有贴近性的文章也更能引发受众共鸣。

6.独家性。独家新闻总是有它的独家魅力,选择别人没做过的选题,报道独家的新闻可以让你的通讯写作更具有独特的价值与魅力。

第二部分　融合新闻写作

一、融合时代新闻写作的新趋势

随着媒介技术的不断发展进步,世界传媒业经历了由报纸"一枝独秀"到报纸与广播"并驾齐驱",到报纸、广播、电视"三足鼎立",然后是报纸、广播、电视、互联网"四强相争",如今又进入了报纸、广播、电视、互联网多种媒介形态相融共生的"多媒体融合并存"的发展阶段。新兴媒体与传统媒体显著的区别是:它是一个可以不断叠加的平台,可以在不需要将原有传统媒体的内容分解的前提下将内容注入新的载体,通过新的媒介传播方式展示给受众。

2014 年 8 月 18 日,习近平总书记在中央全面深化改革领导小组第四次会议上发表的重要讲话中指出:"推动传统媒体和新兴媒体融合发展,要遵循新闻传播规律和新兴媒体发展规律,强化互联网思维,坚持传统媒体和新兴媒体优势互补、一体发展,坚持先进技术为支撑、内容建设为根本,推动传统媒体和新兴媒体在内容、渠道、平台、经营、管理等方面的深度融合,着力打造一批形态多样、手段先进、具有竞争力的新型主流媒体,建成几家拥有强大实力和传播力、公信力、影响力的新型媒体集团,形成立体多样、融合发展的现代传播体系。"这一讲话内容,把"媒体融合"发展提到了前所未有的高度。在总书记的讲话内容中,也明确了"媒体融合"的任务,是"强化互联网思维","传统媒体和新兴媒体优势互补"。在互联网普及程度日益提升的时代背景下,做新闻报道也应当具备互联网思维,在报道过程中要共同发挥传统媒体和新兴媒体的优势,进一步提升媒体的"传播力、公信力、影响力"。

二、融合新闻写作是以传统新闻写作为基础

在传统媒体报道方式中,新闻报道的基本要素为 5W+H:何时

(when)、何地(where)、何事(what)、何人(who)、何因(why),以及一个H(how)。这六要素成为新闻报道赖以生存的基本因素,并确保其真实可靠、准确无误。但随着媒介融合时代的来临,新闻报道的基本模式已悄然发生了变化,信源的大众化、新闻资源的共享、截稿时间的模糊等,都拓展和丰富了传统5W+H模式的内涵。

传统新闻报道中的信源大多来自权威的政府部门,但是随着网络技术的发展,从Web1.0到如今的Web3.0时代,每位网民都能发挥记者的作用,并将身边发生的故事发布到网络上并形成传播。特别是微博的出现,每个网民都能在突发事件的"第一时间、第一现场"发布新闻,成为媒体的"导航者"和"议程设置"者。一条小小微博的发出往往能一石激起千层浪,迅速形成议题,人为迅速转发、跟帖讨论,形成不可小觑的社会舆论。事实上信源的被打破不仅仅从网络开始,普通市民的DV和相机也将发生的新闻事件记录下来成为电视媒体珍贵的素材。信源的改变使得新闻报道中的叙事方式发生着变化,网络上网民支离破碎又富有价值的故事通过专业新闻工作者的筛选和整合,使报道呈现的方式也是饶有趣味的。

随着媒介之间的交叉和信息的共享,新闻报道要满足不同媒介的特性和报道需求。以纸媒为例,当一个事件发生后,新闻报道可能会是以快讯的方式呈现在该纸媒的网站上,或者出现在该纸媒的官方微博上;如果纸媒实现了全媒体转型,推出了视频新闻,那么这条快讯又会以滚动新闻的方式出现在电视屏幕上,接下来,记者经过深入调查与采访,深入了解事件的来龙去脉,写成一篇深度报道供报纸排版编辑,同时配上记者在现场拍摄的图片。在这一新闻事件报道中,出现了网络文字简讯、电视新闻滚动消息、网络视频新闻、报纸深度报道、图片新闻等五种报道方式。这一案例告诉我们,一个新闻工作者除了传统意义上的报道之外,应该至少具备图片拍摄、视频记录、文字采写和博客、微博更新的基本能力。随着技术的发展,有一些记者真的成了"一个人的乐队",人们希望他们能够收集各种媒体的全部信息。相应地,在融合新闻报道语境下,新闻报道方式和传播方式呈现出多元化和泛媒介化的态势,继而,要求记者编辑也必须具备多媒体报道的技能。

三、融合新闻写作的新特点

（一）新闻来源呈现多元化特点

在融合新闻时代，由于新媒体技术的出现，普通公民获得了参与新闻传播的能力，拥有了话语权。专业新闻媒体除了沿用传统新闻热线的方式来获取新闻线索之外，还可以通过各类社交媒体平台捕捉新闻线索。而大量自媒体的出现，也使得新闻发布渠道出现了多媒体化的趋势，除了报纸、广播、电视外，人们还可以从博客、微博、微信公众号、自制视频中获取新闻信息。

（二）新闻流程高度整合

首先集中媒介集团的力量来采集新闻素材，然后根据集团内各类媒体受众的接受特点进行信息加工，制成不同的新闻产品，最后通过不同的传播渠道传播给受众。随着移动互联网用户的增多，越来越多的传统媒体已经布局到微博、微信和客户端等新媒体平台中。

（三）信息载体数字化

在融合新闻模式下，新闻信息载体从报纸、杂志、广播、电视扩展到各类互联网终端，包括电脑、手机、便携式数字终端，而信息也以多种面貌呈现在受众面前，例如数字报纸、电子杂志、微博、微信公众号等，让人们随时随地可以通过不同渠道接触到不同类型的信息产品。

（四）内容产品兼容化

融合新闻报道利用多媒体技术再现内容，使其更加丰富多样、形象生动。在融合新闻报道中，文字、图片、音频、视频以及动画等表现方式融会于一体，实现了视觉传达的多样化和兼容性。

（五）新闻产品互动化

融合新闻报道可以借助数字化的传播渠道让受众高度介入新闻内容的生产。多媒体数字平台将具备更深刻的交互性，让用户参与进来，给用户在操作中提供更多的选择和控制机会,用户的兴趣也会直接作用到内容产品或功能产品的应用形式上。一方面,融合报道可以设置与受众互动的版块,比如评论、留言;另一方面,可以增强新闻内容的体验性,给用户更为直观的感受。

项目一　融合新闻写作的原则

"互联网创新有一个最大的特点,它从来不是颠覆性的,而是一种渐进的创新。不是把原来的东西推倒重来,而是在原有基础上创造新东西,丰富和多样化互联网服务。"作为互联网新闻业务的融合新闻同样具有这种特点,融合新闻并不排斥传统媒体时代积淀下来的新闻学理念精华,融合新闻报道是在继承传统新闻学基础上的华丽转身,它是一种专业的进化,而不是一种完全的颠覆。融合新闻报道同样需要遵循专业规范,这些专业规范的基本精神理念根深蒂固,但其具体内容却发生了新鲜的变化和改进。

一、融合背景下遵循新闻写作客观规律

在新媒体时代,新闻报道原则不但不过时,反而显得更加珍贵。不但专业新闻工作者需要重新审视这些新闻报道原则,社会公众同样需要学习和理解这些新闻理念。"新闻工作的原则不仅属于新闻工作者,也属于公民","这些原则的来源不是某种职业精神,而是新闻在人民生活中的功能"。新闻与每一个社会成员息息相关,公民本身也已经参与到新闻生产中,成为新闻报道者中的一员,相对于受过专业训练的新闻工作者而言,他们更需要掌握这些新闻报道的原则或理念。

对于融合新闻报道来讲,真实、客观、公正、引人入胜是居于核心层面的指导原则,非常重要,无论是专业新闻工作者还是参与新闻生产的公民都应该深刻理解这些原则,将其融汇在新闻活动中。

融合新闻写作的原则如下:

（一）真实

真实是新闻报道的底线,不可逾越。融合新闻报道工作者要注重研

究数字媒体技术环境带来的新变化与新问题,有效地驾驭和运用新技术,让技术为真实再现新闻事实发挥正面作用。数字媒体技术是把双刃剑。依照新闻职业规范使用数字媒体技术,技术将为融合新闻的采集与呈现贡献积极的力量。如果数字媒体技术被别有用心者利用,技术也有可能成为虚假新闻传播的"帮凶"。一些别有用心者新闻职业精神沦丧,主动策划与制造假新闻,借助数码技术对图像移花接木,以更加迅速和逼真的再现形式传播虚假新闻,危害巨大。

新媒体技术具有即时传播新闻信息的便捷优势,凭借这种技术优势,融合新闻报道可以轻松实现即时的、面向全球范围的传播,新闻传播的时效性和影响面无疑达到了一个极致。在新媒体技术环境下,没有哪家新闻媒体愿意放弃对时效性的竞争。但越是如此,我们越不能放弃对真实性的坚守,要坚持真实性的优先地位永远大于时效性。若没有真实做保障,时效性的追求就变成了无本之木,新闻媒体就有可能变成传播谣言和虚假信息的机构,对此我们应该有一个清醒的认识。

另外,我们还要注意到新媒体的超强纠错能力,融合新闻的报道应该采取开放的策略,与用户共同创造内容,欢迎用户监督报道。一旦新闻报道中出现不实信息,互联网纠错机制就会迅速启动,这有利于融合新闻报道真实的实现。

(二)客观

互联网环境下应该给予客观原则以崇高地位,应该倡导新闻传播参与者都来践行客观理念。客观原则既是对职业新闻工作者的要求,也是对用户的要求。"客观"是一种职业理念,也是一种增强新闻报道中立性特征的操作方法。从实际工作的角度讲,提升融合新闻呈现的客观效果,应该充分发挥多种媒介元素在实现新闻客观性方面的先天技术优势。

新闻素养是融媒时代每一个合格公民都应该具备的素质,"客观"不仅仅是一种新闻职业原则,更是一种传播活动的能力,需要新闻专业教育和相关的实践训练才能为人们所掌握。从这个意义上讲,在融媒时代非常有必要推广新闻素养教育,将新闻工作基本原则、新闻精神、新闻工作技能传授给普通用户,让普通网民也能具备包括客观原则在内的更多的新闻素养。

融合新闻采用的媒介技术是当前最为丰富和先进的,不同的媒介元素在客观呈现新闻信息时可以取长补短,发挥合力优势。融合新闻工作者应该充分利用多种媒介元素呈现新闻的优势,提升新闻呈现的客观效果。

(三)公正

新闻公正性是中西方新闻界普遍推崇和追求的原则。新闻报道的公正原则要求记者采取一种专业化操作方式,抱着负责任的态度,公平地、无偏见地对待新闻事实中涉及的人与事。

新闻公正性原则的基本要义是公平与正义,它要求信息传播者遵守伦理规范,胸怀公允之心对待自己的报道,不要因为个人私利或偏见而影响报道。新闻报道应当维护社会公平正义,推动社会发展进程,记者应该以守护公共利益为己任,而不应成为某些利益团体、机构或个人意见的代言者。

融合新闻对所有材料的使用都应当考虑时间问题,报道的更新应该注意标注最后的更新日期,要注意审核融合新闻报道链接页面及相关档案材料,在显著位置标明档案材料的日期,避免用户因阅读了过时的信息而产生误解。

二、融合背景下重新认识新闻价值

在对新闻事实进行专业判断的过程中,记者主要依据新闻价值标准加以权衡。价值的本来含义是作用或用处,是指客体对主体的作用与影响。新闻价值则是指新闻客体对新闻主体的作用,也即事实信息的属性在新闻传播学意义上对收受主体(读者、观众、听众、用户)的作用。更具体地讲,新闻价值是指事实信息满足读者新闻欲求的情况。事实信息能够满足读者的新闻欲求,它就具有新闻价值,值得报道;不能满足读者的新闻欲求,则不具备新闻价值,不值得报道。

事实能否满足读者的新闻欲求从而成为新闻事实,关键要看事实是否具有以下新闻价值属性——时新性、接近性、显著性、重要性、趣味性。事实所具备的新闻价值属性越多越充分,就越能满足读者的新闻欲求,其新闻价值也就越大,越能够引起人们的关注,越容易被报道。

融媒时代,传统媒体受到以网络为代表的数字新兴媒体的冲击,这种冲击正使得新闻业的根基——新闻价值发生变迁,新闻价值属性的内涵或新闻价值取向发生了很大的变化,需要引起高度重视。"万维网并非是在旧的生态系统里引入新的竞争者,而是创造了一个新的生态系统",我们应该正确认识新闻价值在这个新的生态系统里的内涵变化,这是做好融合新闻报道的必要前提和基础。

(一)时新性极致化发展

自有新闻以来,时新性一直是新闻传播者追求的首要价值属性,新闻工作者竭尽全力以最快的速度报道新闻,以实现新闻价值的最大化。

融媒时代时新性得到了极致化发展,时新性的内涵正向着实时性、即时性方向转变。杂志的新闻周期是一个星期、半个月甚至一个月,报纸的新闻周期是 24 小时。广播电视虽然也可以实现直播,但就新闻播报的总体情况来看直播却并非广电媒体的常规之举,更多的情况下其新闻周期是数个小时。互联网新闻报道将新闻播报周期大大缩短,实现即时传播轻而易举,新闻传播得以发展成实时性传播、即时性传播,时新性价值得到了极致化发展。对时新性的要求,融合新闻的采制显然远远高于传统新闻的采制。

在媒介融合背景下,时新性在新闻搜索引擎优化方面具有重要的意义。在传统媒体环境下不用考虑新闻搜索,但在网络媒体环境下新闻搜索却是一个必须面对的问题。在网络传播环境下,媒体越先发布新闻,新闻的时新性越强,就越有可能在新闻搜索方面占据有利位置。

另外还要注意,现在不但报纸、广播、电视等传统媒体不能自诩可以用最快的速度播报新闻,就连新闻网站在播报新闻的速度方面也已经失去了优势。就传播新闻的速度来讲,社会化媒体在提供时新性信息方面的能量不可小觑。融媒时代,在抢新闻方面一个职业记者可能比不过一个普通的网民,许多的新闻并不是由新闻记者最先发表的,而是由遍布在社会各个角落的网民抢先公布的,这多多少少会让职业新闻记者感到一些尴尬。

新闻随时随地都在发生,具有很大的不确定性,不管是传统媒体记者还是网络媒体记者都很难保证第一时间出现在新闻现场。融媒时代要求新闻传播工作者具有融合思维,注重交融与合作,重视社会化媒体的作用,积极借助社会化媒体的力量来共同完成新闻报道。

借助社会化媒体的力量就是借助社会化媒体背后所有用户的力量,

就是重视和依靠公民记者共同完成新闻传播工作——融媒时代的用户已经成为共同的新闻传播者,而不再仅仅是被动的受众——只有如此,才能确保时新性价值的最大化,新闻工作者才能提供更有竞争力的新闻信息。

(二)重要性内涵拓展

互联网传播环境下,对重要性内涵的理解变得宽泛起来。

首先,过去认为不重要的现在却具有了重要性。传统媒体时代,囿于版面、时段的限制,新闻报道更加注重对新闻事实本身的报道,而对历史资料、背景信息、旧闻的关注要明显少得多。互联网具有海量存储空间,对新闻报道所需空间的限制几乎可以被忽略,过去认为不重要的资料、旧闻,现在却被看成重要的报道材料,给予充分的价值挖掘。

其次,互联网传播增强了个人事物的重要性。传统媒体时代很多个人事物通常并不怎么被看重,但在数字新媒体传播环境下此类个人事物却变得重要起来。微博、博客、论坛等非专业媒体组织的用户每时每刻都在生产大量的信息内容,当一些个人事物在利益冲突特征极度明显时就有可能引发网络围观,个人事物就有可能演变成公共事件或群体事件。本来只是限于当事人利益冲突的个人事物就会释放更大的意义,变成影响更大范围内公众利益之争的事实象征,其重要性就变得明显起来。

最后,重要性在新媒体传播条件下出现细分倾向。"在互联网环境下,新闻受众是个人化的或至少是分群的,因此他们对于重要性的把握是不一致的。"对重要性的把握不能泛泛而谈,融媒时代的重要性更强调对用户微观层面需求的关注。

(三)接近性超越传统理解

事件发生的地点离读者越近,新闻价值越大。但是,从严格意义上讲,将接近性的内涵仅仅界定为地理区域上的接近存在明显的不足,心理上的接近、利益上的接近、经历上的接近、年龄上的接近、兴趣爱好上的接近等都是接近性的应有之义。换言之,地理区域上不接近未必代表在其他方面不具有接近性,而对于具体的新闻收受者来讲,其他方面的接近性可能比单纯的地域接近更有价值和意义。但是,由于技术原因,即便认识到接近性的丰富内涵,传统媒体也不好实现对接近性丰富内涵的追求,只能退而求其次,具体到操作环节则主要是关注本地新闻。

新闻本地化或采用本地视角报道新闻,可以在很大程度上拉近新闻与用户的距离,是新闻报道的有效方法。总体上看,单一的传统媒体大都将接近性界定为地理区域上的接近性。对于中国媒体来讲,这种接近性在地域范围上往往具有一定之规,它通常就是新闻媒体事先设定的传播范围或运营范围内的接近性,媒体追求接近性更多的是通过关注这一地域范围内的新闻事实来实现的,很难根据收受者具体情况的不同而灵活地进行地域范围的变换,否则就容易打破新闻报道的既有秩序,造成业务操作的混乱。

从总体上看,传统媒体的接近性大多是泛泛的接近性,它是就新闻收受群体大体情况而言的,不能更加具体地照顾到新闻收受者的个性化信息需求。融合新闻对接近性的追求却与此不同,它可以最大限度地满足新闻收受者的个性化信息需求,突破机械的地域接近性束缚,得以全方位接近用户,近距离触碰用户的内心世界。

(四)显著性有所突破

在传统媒体环境下,对显著性的评判主要依赖记者的个人判断,这种判断虽然是由记者依据新闻专业标准作出的,但每个记者的知识积累及生活阅历不同,导致了对显著性的判断带有很大的主观成分。在互联网传播环境下,对显著性的量化判断变得轻而易举,用户关注度已经成为衡量显著性的十分有效的量化指标,对显著性的判断有了科学依据。

融媒时代,新闻显著性的判断有了量化依据,更加精确化,页面点击量、跟帖评论数、点赞数量、分享数量等量化指标越高,说明用户对新闻的关注度越高,新闻的显著性也越高。如果一条信息还没有被记者报道,但用户关注度指标却很高,记者也可以根据这些指标数据作出显著性判断。

从这个意义上讲,新闻价值属性的判断在互联网环境下的确发生了很大的变化,用户关注度提供了精确的量化依据。面对互联网海量的信息,通过搜索工具及量化指标的排序,记者考察事实的显著性也会变得相对容易。用户关注度正是融合新闻报道中记者判断新闻价值大小的一个有力工具。

（五）趣味性地位提高

从新闻类别上看,趣味性这一新闻价值属性主要是以软新闻的形式加以呈现的。软新闻不强调时新性和重要性,更为看重趣味性因素的把握与表现。以网络为代表的数字新媒体在新闻价值取向上发生了很大的变化,它们高度重视趣味性价值,注重趣味性因素的挖掘,惯于采用软新闻技巧加以报道。"网络新闻在价值取向上与传统媒体相比具有不同的侧重点,这在我国也许是更为根本性的变革","网络媒体对于软新闻的重视和突出,事实上反映了新闻价值取向的变化","网络媒体对软新闻的重视和突出,就是对趣味性的侧重","形形色色的社会新闻、娱乐新闻,自然主要是具有趣味性价值的新闻"。

数字媒体在新闻价值取向上产生了很大变化,这种变化的根源在于用户需求的改变,对趣味性的侧重也是媒体对用户需求变化作出的准确把握和及时调整。融媒时代,用户对趣味性的需求有了显著提高,融合媒体必须积极应对用户的这种需求变化。

融合媒体在新闻操作层面高度重视趣味性,相对传统媒体而言,融合媒体也更容易实现对新闻报道趣味性元素的展现,更容易增强用户收受新闻的愉悦体验。

融合新闻在趣味性或娱乐性表现方面具有先天的优势,这种优势得益于融合媒体传播技术的先进性。融合新闻可以综合运用文字、声音、影像、动画、照片、图表、超链接等手段展现新闻事实,并在用户互动和信息扩散方面高度便捷,用户可以实时评论,将新闻报道一键分享到各类社会化媒体上,迅速、有效地扩大新闻传播覆盖面,增强新闻传播的冲击力和趣味性。

三、融合背景下遵循新闻工作职业道德

新闻伦理由新闻界的伦理准则（Code of Ethics）衍生而来,是指从事采访、编辑、出版、播出、经营、管理等新闻传播活动的人们,在长期的职业实践中形成的调整相互关系的行为规范,是媒体及其工作者出于自律的需求而制定的成文或不成文的规范,是属于职业伦理的一种。从这个界定中我们发现,新闻伦理是一种非官方的条款,它没有强迫性,依赖于从业人员高度的道德感和责任感,内化于新闻传播主体的品格、习

性与思想中。新闻伦理的外在表现是新闻职业道德规范。"新闻从业人员或者大众传媒自身,遵循一般的社会公德(新闻职业道德与一般的社会公德联系较为密切)和本行业的专业标准,对其职业行为进行理性的自我约束和自我管理。"因此,不同媒介形态的新闻道德根据其工作内容和工作方式的差异有相应的区别。

新闻伦理的出现由来已久,在新闻活动出现的初期便已经存在简单的新闻伦理,如传递新闻时的保密要求等。但直到17世纪近代定期报纸诞生,新闻伦理才逐渐出现雏形,即新闻职业道德。随着西方新闻业自由化、商业化的大规模发展,低俗不良新闻泛滥,人们意识到过度的新闻自由损害个人和社会的权益,因此开始倡导新闻自律。进入20世纪40年代后,大众传播的社会责任论诞生并成熟,整个行业性的新闻伦理规范开始出现。许多国家陆续制定并颁布新闻职业道德规范。通行的新闻道德理念包括:真实准确、客观公正、庄重负责、公众利益、高尚品格、专业表现、独立自由、不以不正当手段获取信息、不抄袭剽窃、错误即刻更正、尊重个人名誉及隐私权、尊重读者听众观众、自制而忍耐等。

简要来说,新闻报道应追求真实、保持公正、坚守客观、用事实说话。但在媒介融合背景下,随着媒体的进一步市场化、商业化,伦理道德问题也更加突出。特别是由于数字技术的发展,它一方面有利于信息的传播,另一方面也对传媒伦理与道德带来新的挑战,如网络传播的虚拟性、交互性、匿名性、开放性带来的信息污染,对知识产权的侵犯。媒介融合使传播的新闻主体发生了变化,普通公民的自由发布新闻,使新闻的规范难以控制,新闻侵权加剧,虚假新闻泛滥。

在复杂的媒介融合背景下,要想有效规范新闻传播伦理问题,仅仅依靠法律手段与技术手段是不可能实现的。网民、信息服务提供商、媒体等的自律也非常重要。任何单一的手段作用都是有限的,只有加强新闻伦理道德建设,同时防范融合新闻失范,一定会有效规避新闻伦理问题。

项目二　融合新闻写作的条件

融合新闻写作需要有一定的前提条件,首先需要新媒体技术的支持,语音交互技术、网络视频直播技术、VR/AR技术等,新媒体技术是制作融合新闻的前提条件。其次是融合新闻采集,新闻记者要有融合新闻的意思,在新闻采集中运用多元化的采集方法和手段,采集新闻事实。最后是融合新闻编辑,记者编辑需要基本融合编辑的素养,学会运用多媒体手段进行编辑,还要有融合性思维制作融合新闻报道专题。

一、新技术是融合新闻写作的前提

新技术推动媒介形态的变化,媒介形态多样化促使新闻写作发生变化,随着智媒体的发展甚至产生机器人写作方式,可以说新技术是融合新闻写作的前提。

(一)语音交互技术发展

语音交互即通过语音来与终端进行交互。目前,语音交互的基础——语音识别技术已经趋向成熟,语音识别率已经达到相当高的水准。2016 年数据显示,微软语音识别、科大讯飞、苹果、谷歌、百度等开发的语音技术的识别准确率都超过 90%,在某些情况下甚至比人的准确率还高。微软推出的 Cortana 是跨平台的语音助理,它既可以用于 PC,也可以用于手机,但它更重要的特点不在于语音交互,而是智能化的私人数字助理。它会持续学习用户的行为习惯和兴趣,根据人们在不同场景下的需求来进行信息服务。国内相关的技术也在进展中,其中较为引人注目的是 2015 年 5 月大讯飞联合京东发布的支持语音交互的智能云音箱——DingDong(叮咚)。除了实现音箱本身的语音交互功能之外,它还可以实现对整个智能家居的智能语音控制,2016 年 11 月,DingDong 音箱升级,接入了京东购物的功能。

(二)网络视频直播技术发展带动网络新闻直播发展

网络视频新闻直播可以创造当事人与观看者的面对面感,或将当事人体验传递给观看者。如果在直播中应用可穿戴设备,则将带来更真切的"第一人称视角"。网络视频新闻直播不是电视新闻直播的简单小屏化,直播的主体、直播的题材、直播的方式与体验等都需要有大的变化,网络视频新闻直播,通过"PGC+UGC"的方式才能实现突破。尽管今天的网络视频直播热有不少"虚火",未来会在一定程度上有所降温,但网络视频直播代表了最新传播手段,在未来一定会有广阔的应用空间。除了新闻类直播外,网络视频直播还可以在个人类应用、商业类应用中产生创新。

（三）VR/AR 技术发展产生 VR/AR 新闻

VR（Virtual Reality）技术指虚拟现实技术,它能通过数字技术生成逼真的视、听、触觉等一体化的虚拟环境,用户借助必要的设备与虚拟世界中的对象进行实时交互,从而获得亲临真实环境的感受和体验。

AR（Augmented Reality）技术指增强现实技术,是将真实世界与虚拟世界集成在一起的技术。通过数字技术模拟某些实体信息（视觉、听觉、味觉、触觉信息等）将其与现实世界加在一起,并形成与人的交互。AR 与 VR 的差异是,VR 是脱离用户当时所处现实环境营造出虚拟体验,而 AR 则是在用户所处的现实环境中增加虚拟的体验。今天已经有很多媒体开始尝试 VR 新闻。VR/AR 用于新闻报道时,可以营造出让用户在三维空间里直接"到达"现场的体验,让用户全方位沉浸于现场,而不是由媒体用二维平面"再现"现场。这意味着,"你所见即你所得"。也就是说,用户可以依据自己的主观视角,从现场发现更多的个人兴趣点,而较少受到传统电视直播的摄像、导播视角的限制。他们对于现场的理解与认知,也是基于他们从现场观察中获得的信息。

（四）机器新闻写作

2010 年,美国 Narrative Science 公司推出的机器新闻写作工具进入我们的视野。这个机器写作工具大约每 30 秒就能够撰写出一篇新闻报道。其新闻撰写的基本模式为:首先,通过系统的搜索引擎收集大量高质量的数据,并从中寻找新闻要素。其次,决定新闻的角度和风格模式。最后,按照元作者提供的词汇来组织句子。在 Narrative Science 之后,一些媒体和网站也加入了机器写作的探索中,包括美联社（美国联合通讯社）、《华盛顿邮报》、路透社、Facebook（脸书）,以及中国的腾讯网（写作工具称为 Dreamwriter）、新华社（写作工具名为快笔小新）、今日头条（写作工具名为 Xiaomingbot）等。机器新闻写作逐步成为热门话题。机器写作不够自由个性,没有质感与温度,机器没有人的创造力,一直是今天人们对机器写作的主要批评理由。但随着机器深度学习、语义分析等能力的提高,未来的机器写作未必不会在这些方面实现突破。

二、融合新闻采集是融合新闻写作的基础

融合新闻写作与传统意义上的新闻写作既有相同之处,又有一些区别。相同之处在于,写作一定是建立在扎实丰富的信息采集基础之上;不同之处则体现在前者要综合考虑不同媒体的写作要求。

（一）多媒介素材采集

融合新闻生产在采集阶段就要考虑文字、图片、音频、视频等多媒体素材的搜寻问题。融合新闻对多媒体素材采集的要求非常高,如果前期没有采集到充足的多媒体素材,后期的融合呈现也就无从谈起。

融合新闻采集强调记者对机器设备的灵活运用,"工欲善其事,必先利其器",现在的问题是,光有先进的机器设备仍然不够,新闻工作者还要善于使用这些设备。能够灵活地运用不同的采录设备,才有可能采集到多媒介新闻素材。如果连录音、摄影、摄像等机器设备都操作不好,采集不到足够多、足够好的多媒介新闻素材,后续的融合新闻报道也就无从谈起了。

（二）采访仍是基本功

融合新闻采集主要包括两种方式:一是记者采访,二是对用户创造内容的筛选。

记者采访涉及与人直接交往,采访的基本理念、方法与技术在很大程度上可以继承传统。不管媒介融合的进程如何推进,采访仍然是新闻工作者的基本功,采访在新闻报道中所具有的重要性不会因为媒介融合的发展而有任何降低。

融合新闻重视用户创造内容,但用户创造内容并不是要削弱记者的采访工作,而是要促进记者采访工作的发展与提高。新闻人的理想、正义感、好奇心、调查研究能力、对人性与社会的洞察力和判断力仍然是新闻工作最为宝贵的财富,职业新闻工作对推动社会的健康发展仍然具有不可替代的作用。目前新闻业的发展虽然面临挑战,但新闻人不应该唱衰新闻业,而应该重拾信心,看到新媒体技术为新闻业发展带来的机遇,苦练基本功,力争走向下一个成功。新闻采访是记者的基本功,是融

合新闻采集的重要途径和方式,记者应该搜集优良的故事素材,为融合新闻的讲述提供新鲜生动的原材料。

（三）互联网信息的采集

对用户创造内容的筛选主要表现为互联网信息的采集,它与传统媒体新闻采访相比具有新颖特征,需要在实践中不断探索。

用户与职业新闻工作者具有平等的地位,具有不可限量的创造力。另外,有时用户与职业新闻工作者的身份也是可以互相转化的。例如,有的记者辞去了媒体新闻工作,改行从事其他工作或赋闲在家成为所谓的用户,这样的用户具备专业新闻工作技能,其创造的内容或产品可以达到很高的水平,甚至可以创造出完美的融合新闻产品。

融合新闻采集环节应该高度重视对用户创造内容的筛选工作,可以通过对网络关键词指标数据、社交媒体内容的监看等方式来寻找和筛选高质量的作品。

互联网信息还可以表现为用户网络行为的数据轨迹,这种数据不是抽样获得的数据,而是全体网民基于网络生活而生成的数据,完全代表了网民的网络行为。数据也是新闻,而且是精确新闻的原料,对这种数据的采集和挖掘也应该成为新闻工作的重要内容。

三、融合新闻编辑是融合新闻写作不可或缺的部分

随着互联网技术的发展与媒介融合的推进,多媒体融合构成了新闻编辑工作的特殊语境。不管编辑为哪一种平台工作,不管编辑为哪一家媒体集团服务,编辑都不得不面临这样一个现实:传统信息传播的流程已经发生了翻天覆地的变化,以前单一媒体单向传播的封闭式传播模式已经被开放的互联网彻底打破,新闻的采集与发布流程受到来自互联网的冲击,处于信息传播流程末端的编辑的角色、编辑流程都在不知不觉地发生变化。媒介融合不仅改变了新闻编辑的工作内容和工作状态,同时也改变了编辑的思维方式。

（一）融合新闻编辑的职能转变

媒介融合带来的优势是媒介组织能够延伸产业链,释放潜能,提高

新闻的生产力与快速反应能力,降低运营成本,拓展受众群体,增加盈利的来源,从而扩大媒体的整体社会影响力。因此媒介融合是新闻业发展的必然,"整合"一词渐渐成为媒介产业的关键词。不同的媒体之间通过新闻编辑部的内部合作与外界的伙伴关系,共享并交叉推广来自不同媒体的信息。

媒介融合时代,新闻传播活动的一切都发生了变化。有了互联网与无线设备(包括手机、掌上电脑、车载设备等)等新兴媒体,原先在信息传播的过程中处于弱势的受众可以在不同的新闻来源中选择自己需要的新闻。这些新闻可以来自传统的媒体,如广播、电视,也可以来自门户新闻网站,甚至还可以从各种社区、论坛获取新闻事件的最新动态。这些新闻可以通过传统的媒体传播,同时还可以通过手机、音乐播放器、车载导航等设备接收。尤其是集计算机技术、数字技术、网络技术于一体的互联网络消解了传播者与受众之间森严的界限,只要拥有手机、相机等电子设备,只要能够连上网,任何人都如同一个小小的新闻发布中心。网络媒体不仅具有传统媒体的所有优势,同时还具有传统媒体所缺乏的优势,即海量储存、即时传播、互动性强。以互联网为代表的新媒体与传统媒体融合,改变了新闻信息具体的传播环境,从而使融合新闻编辑与传统的编辑相比角色发生了显著的变化。

(二)融合新闻编辑的基本素质

媒介融合时代,报纸与网络融合实现了报网互动,而报纸的网站包括视频、音频等内容,各种网站也大都实现了文字、视频和音频内容一体化。以深圳报业集团为例,其旗下的深圳新闻网配备了新闻采访车,可以像电视台一样进行现场直播。这样,在对新闻事件进行报道时,新闻现场直播、文字专栏、图片新闻等以及与受众的互动都可以同时完成,报纸、电视、网络等业务相互融合。而后台的新闻编辑部自然在内容的处理上要进行融合,对记者采集与制作的文字新闻、图片新闻、视音频新闻等一一进行处理并通过集团的各种渠道传播出去。由此而知,如何做到使不同类型媒体的内容生产实现协调,互相补充达到最佳的传播效果,这才是融合新闻编辑最难解决的一个问题。它需要编辑更新观念、转变思路,积极探索跨媒体运作的模式。

因此,媒介融合时代,编辑不仅要掌握各种内容编辑技术,熟悉各种不同媒体的传播优势与特点等业务知识,还要具有策划、统筹、协调的能力,合理分配新闻资源与人力资源,实现新闻的"一次采集、动态整合、多个渠道、多次发布",有效降低生产成本,提高新闻的传播效果,提升媒体的综合影响力。

(三)融合新闻编辑的策划能力

新闻报道策划是编辑对新闻资源进行合理规划与利用,从而达到最佳传播效果的过程。它需要编辑全面掌握各种媒体技术,并熟悉不同媒体的传播优势,从而在这个基础上突破不同媒体之间报道手段和方式的界限,创造出更多、更新颖的新闻表现形式,这是最能体现编辑创造力和价值的环节。新闻报道策划包括确定新闻选题,确定报道方案,协调记者的分工,确定报道的内容、结构、形式等。通过策划,融合新闻编辑可以筛选出受众需要并最感兴趣的信息资源,在信息高度同质化的今天做出独家视角新闻。同时,通过策划过程中对新闻资源优化组合、合理配置,促进记者深入采访,更好地挖掘新闻资源,深化新闻报道的主题,并在新闻运作方式、采编方式和写作方式上进行创新和突破。

媒介融合时代,媒体之间相互渗透,对新闻资源的争夺日益白热化。过去对新闻编辑素质的要求仅仅局限于"六会":会选稿、会改稿、会拟制标题、会组版、会画版、会校对。而如今,策划意识与策划水平逐渐成为融合编辑的基本素质。尤其在互联网时代,海量信息的存储为编辑提供了多种多样的资源和更大的发挥空间,融合编辑成为多种传播形态新闻产品的集大成者。在做好新闻编辑、修改、重新排序的基础上,还应该担任起前期的新闻策划,通过策划合理地配置新闻资源在不同媒体平台的分布,实现对新闻全方位、多角度、多观点、立体化的报道,从而提高新闻资源的使用效率,扩大媒体的综合影响力。

项目三　图片与融合新闻写作

一、基础理论

(一)图片在融合新闻写作中的作用

融合新闻报道中的图片元素主要包括新闻照片、新闻图表和新闻漫画,"新闻图片不再是文字的附庸,相反,它开始发挥与文字同样重要的作用。"图片能够直观形象地展示新闻信息,增强新闻的真实感和可信性,让新闻变得容易理解和有趣。此外,图片还天然地具有唤起回忆、引出话题的社会功能,具有强烈的分享性,"视觉信息天生就是为了共享而存在的"。

1. 图片新闻注重感性理解

仅用语言文字构成的新闻报道,强调受众对新闻文本的理性理解。除了可以告知事实外,文字还利于进行说教和宣传。而新闻报道中的图片,所调动的则是受众的感性理解。每个人在图片中看到和感受到的事实都不同,存在主观差异。

2. 图片带来视觉享受

从办报实践看,在报纸中使用摄影、插图、漫画等,其主要功能是为了美化、活跃版面,通过它们强化版面的感染力。图片能够从空间上对密密麻麻的文字内容进行分割,并且调节读者的阅读节奏,使阅读新闻不再是一件逐字逐行进行的乏味的活动。

3. 图片是对文字内容的有效补足

在文字出现以前,叙事也是图片极其重要的功能,而文字兴起以后,图片的叙事功能极大地被弱化,基本上让位给了文字。但随着摄影技术普及留下了日益丰富的图片作品后,图片的叙事功能日益回归。除了文字,图片也可以成为人们求知、求真的重要路径。尤其是新闻摄影,其最本质的功能不在于审美价值,而在于叙事和传达信息。图片传达的很多信息,是文字无法表达的,也是不可替代的。正是这种叙事的典型性和信息的丰富性,才是新闻摄影所要追求的最重要的目标。

(二)GIF动态图片在融合新闻写作中的运用方法

1. 新闻图片

进入融媒时代以后,数码相机已经从奢侈品变成了寻常百姓的普通用品,而手机的普及尤其是手机照相技术的提升和普及,更是急剧地扩大了新闻照片的来源。除了摄影记者以外,文字记者和普通公民也都成了新闻照片的提供者。

　　对焦清晰、曝光恰当、构图完美、具有视觉冲击力的照片当然会受欢迎，但是如果做不到这么完美，遇到诸如器材有限、按下快门的瞬间抖动、曝光控制失当等情况，新闻照片就有可能出现瑕疵，这个时候我们只能退而求其次，有新闻照片总比没有新闻照片好得多。这是新闻摄影追求新闻性的体现，是一种追求实用价值而不是追求艺术价值取向的表现。

　　当然，如果可以的话我们还是希望得到新闻性与形象性俱佳的摄影作品。新闻讲述的是关于人的故事，好的新闻照片中应该有人的身影，并且拍得自然，富有冲击力。除了拍摄好新闻照片外，还要为照片写好文字说明，让照片与文字相得益彰。可以用一句话直接描述画面，然后再讲述新闻内容和新闻背景。照片文字说明要将图像不能确切表达的信息明确地表述出来，起到画龙点睛的作用，帮助用户获得清晰明确的认识。

　　2. 新闻图表

　　新闻图表是使用数字、文字、图形甚至照片和漫画，形象地展示事实信息的视觉新闻形式，主要包括统计图表、新闻地图、新闻仿真图及复合图表等样式。新闻图表的功能优势主要体现在整合信息、形象化展示信息等方面。新闻图表体现了逻辑思维与形象思维的完美统一，它灵活运用多种视觉元素，将庞大而又零散的数据信息有机组合起来，高效、形象、精练地展示新闻事实信息。

　　3.GIF 动态图片

　　新闻漫画是"对新近发生的事实进行传播或评论的漫画，它既要具有新闻价值，同时又要遵循漫画的创作规律，是一种形象化的新闻传播手段"。新闻漫画既能以漫画艺术形式传播新闻事实变动信息，又能对新闻事实发表形象化的评论。漫画往往采用夸张的形式传达信息和意见，其对新闻专业规范的执行与日常新闻报道有着一定的区别，我们不能拿摄影报道或文字报道的标准来要求新闻漫画发挥报道功能。这里对"新闻"的理解必须采取广义的概念，将"新闻"的内涵扩展到报道和评论范围。新闻漫画的报道功能与评论功能往往融合在一起，而且评论功能比报道功能更强烈。新闻漫画作为一种视觉形式，具有视觉美感，形象生动，幽默讽刺效果明显，在传播信息、评议事实方面往往能够给读者带来收受的愉悦体验，深受人们的喜爱。

二、典型案例

【案例1】
阅兵"女神",你跪地救人的样子真美![1]
"闺女,楼下十字路口有个老人晕倒了,我们不知道怎么办,你快下来、快下来!"
5月12日上午,陕西省西安市长安区长安花园小区,正在家中上网课的陆军军医大学士官学校学员赵怡婷接到妈妈的电话。"妈,你先打120急救电话,我马上下来。"赵怡婷蹬上拖鞋破门而出。
只见路口十几位路人,围着一位半昏迷状态的老人束手无策。"请大家让开一下,不要围着!"顾不上许多,赵怡婷高喊着推开人群。
迅速疏散人群,保证空气流通,赵怡婷冷静果断安排。"阿姨,你能听清我说话吗?能听到吗?"老人没有回应,双手紧紧攥着装菜的布袋子,嘴里发出呜呜的声音。

见老人全身窝在路边台阶上,她伸手托着老人颈部,确保老人气道畅通,然后请群众和赶来的交警,把老人稳稳抬到平坦地。赵怡婷帮着老人放平四肢,解开衣领口,检查呼吸和脉搏。此时,老人已慢慢恢复意

[1] 摘自人民网·军事频道,2020年5月14日,作者尹威华、张鹏。

识,嘴中含糊不清念叨"去买菜""老街道"。

颈动脉和呼吸均正常,嘴中也无呕吐物,舌头也没有后坠……赵怡婷运用所学战(现)场急救知识,对老人进行初步检查,发现其右侧手脚僵硬,判断是脑出血。

绝不能出差错,一定要救下人。赵怡婷是护理专业大二学员,还没有临床实践经验,怎么办? 她冷静地拨通了一位老师的电话请求指导。

"应该是脑出血,你处理得很得当,一定要把她放平,保持呼吸通畅……"得到肯定答复,赵怡婷舒了一口气。老人此时眼看着跪在地上忙前忙后的少女,嘴里不能说话,眼中的泪水一直在打转。

"阿姨,没事的,没事的!"赵怡婷不停地安慰老人。不到10分钟,120救护车及时赶到。急救人员仔细检查过,初步判断一致:"脑出血,致一侧手脚僵硬"。此刻,赵怡婷悬着的心才落下来。

黄金十分钟,白金一小时。赵怡婷所在的陆军军医大学士官学校是全军基层部队医务士官的摇篮,也是白求恩亲手创建的学校。"还是非常危险的,万一我一个不小心,万一我的急救措施不得当,万一……"赵怡婷事后回忆说,她当时害怕极了,但是人命关天,救人永远是第一位。

直到救护车远去,赵怡婷才发现自己单膝跪地已有半个小时,右腿早已麻木。"没关系的,腿麻了不算啥,这要多亏阅兵时的训练。"原来,这位看似瘦弱的姑娘是新中国成立70周年阅兵女兵方队队员,以昂扬姿态阔步走过天安门接受党和人民检阅。作为中队训练骨干,她还曾获得个人嘉奖一次。

5月12日是第109个国际护士节,在这个特殊节日里,阅兵"女神"赵怡婷跪地救人的温暖画面将永远定格。

【案例评析】

2020年5月12日是第109个国际护士节,《阅兵"女神",你跪地救人的样子真美!》报道了5月12日早上陆军军医大学士官学校学员赵怡婷在陕西省西安市长安区长安花园小区救治昏迷老人的新闻。赵怡婷跪地半小时救治老人曾一度上微博热搜,她参与国庆阅兵的相关报道也在网上传播,引发网友和社会的关注与点赞。该新闻报道选题契合国际护士节热点,具备较高的新闻价值,新闻时效性极强。

众所周知新闻标题在新闻报道中有重要作用,图片新闻报道更强调新闻标题的信息量与吸引力。这篇新闻作品标题使用实题,标题中突出"阅兵""女神""救人""美"等词,交代最重要的新闻要素,让读者在最短的时间内获取新闻事实,减少阅读时间,降低阅读难度,通过阅读这篇新闻作品的标题便能知道救人女孩是女兵的新闻事实。并且这篇新闻作品配上赵怡婷救人和身着军装的图片,通过图片强化标题,加深读者印象。

图片新闻报道有几种形式:第一是以文字新闻为主,图片辅之加以说明;第二种是以图片为主,文字起补充说明作用。人民日报·军事频道发布的这篇新闻作品属于第一种形式,以文字报道为主,图片对文字报道起说明和补充的作用。作品中拍摄的赵怡婷救助老人的图片,从图片中可以看出老人昏倒在地上,赵怡婷半跪着在老人身边,旁边人群主动疏散,让空气得以流通。此图片对赵怡婷救人的情形和周边环境进行补充说明。第二幅图片可以看到医护人员和警察到达现场,但是赵怡婷依然没有离开,依然是半跪着的姿势协助医护人员采取救援。新闻作品中第三幅和第四幅图片是赵怡婷穿着军装的正面照以及阅兵时候的照片,让人们看到这位"90后""后浪"小姑娘的自信美丽,作品以小见大,更是展现当代中国女兵英姿飒爽的姿态和当代中国医护人员的专业态度。该新闻作品图片与文字相呼应,通过图片让读者能够直观、具体了解赵怡婷救人情景和认识赵怡婷,文字与图片结合,增强了读者阅读新闻的体验感,抽象的文字和直观的图像相互补充,让读者如身临新闻现场,仿佛亲眼看到赵怡婷救人的场面。

【案例2】

环比,降! [1] 【节选】

国家统计局最新数据显示,2020年3月,全国居民消费价格同比上涨4.3%。其中,食品价格上涨18.3%,非食品价格上涨0.7%;消费品价格上涨6.2%,服务价格上涨1.1%。一季度,全国居民消费价格比去年同期上涨4.9%。

---

[1] 澎湃新闻.澎湃号·媒体,2020年4月11日。

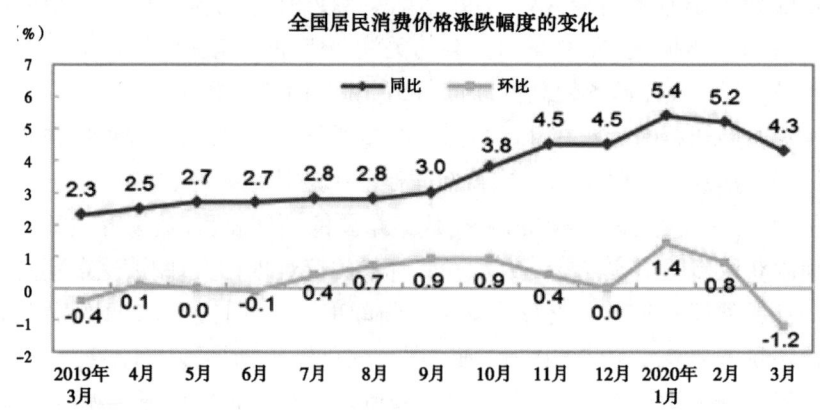

CPI 同比涨幅回落

从同比看,3 月 CPI 上涨 4.3%,涨幅比上月回落 0.9 个百分点。3 月,食品烟酒类价格同比上涨 13.6%。食品中,畜肉类价格上涨 78.0%,其中猪肉价格上涨 116.4%;鲜果和鲜菜价格分别下降 6.1% 和 0.1%。环比由涨转降,食品价格下降 3.8%。3 月,全国居民消费价格环比下降 1.2%。其中,食品价格下降 3.8%,非食品价格下降 0.4%;消费品价格下降 1.7%,服务价格下降 0.3%。3 月,食品烟酒类价格环比下降 2.7%。食品中,鲜菜价格下降 12.2%;畜肉类价格下降 5.2%。其中,猪肉价格下降 6.9%;蛋类价格下降 4.3%;水产品价格下降 3.5%。

2020年3月份居民消费价格主要数据

	环比涨跌幅 （％）	同比涨跌幅 （％）	1—3月 同比涨跌幅（％）
居民消费价格	−1.2	4.3	4.9
其中：城市	−1.2	4.0	4.6
农村	−1.3	5.3	5.9
其中：食品	−3.8	18.3	20.3
非食品	−0.4	0.7	1.1
其中：消费品	−1.7	6.2	7.3
服务	−0.3	1.1	1.1
其中：不包括食品和能源	−0.2	1.2	1.3
不包括鲜菜和鲜果	−0.9	4.6	5.0
按类别分			
一、食品烟酒	−2.7	13.6	14.9
粮　食	0.0	0.7	0.6
食用油	−0.1	5.7	5.5
鲜　菜	−12.2	−0.1	9.0
畜肉类	−5.2	78.0	80.8
其中：猪　　肉	−6.9	116.4	122.5
牛　　肉	−1.2	21.7	21.0
羊　　肉	−0.9	12.1	11.2
水产品类	−3.5	2.8	3.1
蛋　类	−4.3	1.9	1.8
奶　类	−0.4	0.6	0.7
鲜　果	−0.2	−6.1	−5.6
烟　草类	−0.0	0.7	0.7
酒　类	0.3	2.7	2.8

　　其他七大类价格环比两涨五降。其中,其他用品和服务、医疗保健价格分别上涨;交通和通信、居住、衣着、生活用品及服务、教育文化和娱乐价格均下降。

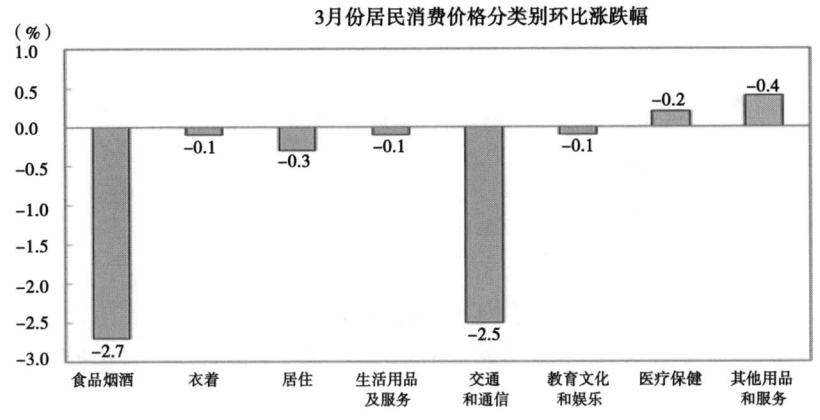

3月份居民消费价格分类别环比涨跌幅

　　……

【案例评析】

　　2020年春,由于受到新型冠状病毒肺炎的影响,全国各地停工停产,直至3月底逐步复工复产。国家统计局发布了3月份消费价格指数,这篇财经新闻作品主要是报道3月份消费价格的具体数据和解读数据。

　　在融合新闻报道中需要将各类数据进行图形化、可视化的处理,将抽象的数据关系具象化,不仅可以使枯燥的数据变得一目了然、简单易懂,还能够丰富新闻报道的内容呈现的方式。数据报道中经常会使用新闻图表的形式来辅助文字说明。这篇新闻报道中使用统计图表来说明2019年3月到2020年3月全国居民消费价格涨跌幅度的变化、2020年3月居民消费价格的主要数据、2020年3月居民消费价格的涨跌幅度。第一幅图表"月全国居民消费价格涨跌幅度的变化"给读者展示了2019年3月到2020年3月全年居民消费价格的变化,从图表中可以清晰地了解到消费价格同比是呈现上涨的趋势,由于受到新型冠状病毒肺炎的影响1-2月份的消费价格呈现最高点。第二幅图表统计了2020年3月份居民消费的主要数据,其中食品消费数据最高。第三幅图是2020年3月居民消费价格的涨跌幅度,其中医疗和其他服务呈现上涨的趋势。新闻图表形象地展示事实信息的视觉新闻形式,使读者能够清晰地了解居民消费价格的数据和数据发展规律。同时,新闻图表还体现了新闻报道的逻辑思维和形象思维,它能够将2020年3月份庞大而又零散的消费价格数据信息有机组合起来,高效、形象、精练地展示居民消费价格变化的新闻事实,使新闻信息传播最优化。

三、实训任务

（一）实训项目名称

图片新闻报道。

（二）实训目的与要求

1.掌握融合媒体图片新闻的写作方法和技巧。

2.掌握图片新闻选题；学会拍摄新闻图片；使用 PS 等软件对新闻图片进行处理。

（三）实训内容

根据选题拍新闻照片,并通过图片处理技术将新闻图片处理后,写一篇图片新闻。

（四）实训方法与步骤

在校园内找图片新闻报道选题并确定选题。

根据选题在校园内进行采访与拍摄的实训。

根据采访素材与拍摄素材,对素材进行加工处理,写作一篇图片新闻报道。

项目四　视频与融合新闻写作

一、基础理论

（一）视频在融合新闻写作中的作用

视频的最大优势是形象,在所有媒介元素中视频最容易被看懂和收受。与文字不同,视频收受是最不需要想象力的媒介接触活动,视频让人直观其内容。无论男女老幼,也无论学历高低都能轻松看懂视频,几乎不需要文化教育的储备。视频在融合新闻报道中发挥着不可取代的重要作用。

1. 打破纸媒介质局限

全媒体传播时代,各种媒介介质之间的边界已经变得模糊,尤其是在传统报业的全媒体变革过程中,纸媒开始借助新媒体平台综合使用文字、图片、音频、视频等进行全媒体传播。有业界改革者把报业开发视频信息资源作为全媒体内容生产的"爆破点",因为纸媒不仅可借视频信息突破平面介质的局限,使内容"有声有色",而且也可在争夺传媒市场中获得诸多机会,迅速应对传媒格局遭遇新媒体冲击的变化。

2. 突破电视传播平台限制

电视新闻是由专业记者进行采访、拍摄、剪辑后播出的报道,并通过电视卫星或者光纤进行传播,观众只能通过各类电视机进行观看。而视频新闻主要通过互联网进行传播,用户通过网络终端来接收并观看。随着三网融合且最终实现"三屏融合",网络视频新闻顺应这种趋势产生。视频新闻的制作和播出不受电视新闻节目排期的限制,增强了新闻信息传播的时效性。

从更宽泛的意义上说,"人人都有麦克风"也代表着"人人都有摄像机",在人们的公民意识日渐增强的今天,越来越多的普通人承担起社会守望者的职责,成为新闻事件的第一记录者。他们录制的视频就是宝贵的第一手资料,而互联网也使这些未经专业加工的素材广泛传播。专业的新闻媒体开始在自己的网络平台上给这些"草根"记者提供渠道,鼓励业余记者们拍摄制作有新闻价值的视频新闻。

3. 凸显内容互动特征

在传统电视新闻报道的传播模式中,观众的收视较为被动,只能在固定的时间观看固定的节目,不能够自主选择接收文本信息,最多只能切换电视频道,也无法及时将自己的意见和想法进行反馈。而视频新闻则能够借助互联网实现与用户的互动,给用户自主选择的权利,且用户可以发表对节目的看法。

（二）短视频在融合新闻文本中的运用方法

电视传媒最显著的特点就是"声屏并茂"，因此通过视频方式进行新闻传播的最基本要求就是"声画合一"。从文本写作角度来说，"声画合一"要求新闻写作者要依托图像、解读图像和识别假象。针对融合新闻报道可用的视频元素，画面编辑需要使用专业机器进行剪辑，而文本写作就是在识别图像的基础上进行"为看而写"的工作。写作与图像最基本的关系是"声画合一"，这在视频新闻写作中有三层含义：一是写作的文字声音要依托画面；二是文字声音不能重复画面的信息；三是文字声音要升华画面信息。只有文字声音与画面信息发挥各自的功能，相互补充、互相支撑、形成照应，才能充分发挥视频的表现力。视频新闻文本写作的几点要求如下：

1. 视频片段之间的连接要合理

一方面要符合人们的观看和认知的逻辑，另一方面要符合人们的审美习惯，找到好的剪接点，将画面流畅地连接起来。连接点的前后是两个相互有逻辑关联的场景，或者相似的情景，使网民在浏览视频新闻的时候，能够将前后画面作为一个整体来理解。

2. 画面的选取要合理

考虑到网络视频新闻浏览的广泛性，一些新闻画面的选取值得注意。如报道车祸的新闻中，有关车祸惨状或者乘客受伤、死亡的画面应尽量减少出现或者不出现，因为过于血腥和刺激的场面容易引起观看者的反感和恐惧心理，同时也要顾及未成年人的心理。

3. 内容要集中

一条网络新闻中，尽量将一件事情的来龙去脉说清楚，虎头蛇尾的新闻报道在网络新闻中是行不通的。如果是连续报道，可以用文字形式注明为"连续报道"，并且把同一主题的新闻视频链接放置在一起。

二、典型案例

2018 年上海进口博览会主题微视频

《东方风来 Wind from the Orient》文字稿

【字幕】中国上海：Shanghai，China

【字幕】2018 年 11 月　November 2018

首届中国国际进口博览会 1st China International Import Expo

【字幕】这是习近平主席亲自提议并向世界宣布的

This is an expo proposed and announced to the world by President Xi Jinping

【字幕】是世界上首个以进口为主题的大型国家级展会

This is also the world's first import-themed national-level expo

【字幕】我们生活的世界充满希望，也充满挑战。

Our world is full of hope，and also full of challenges.

【字幕】在经济全球化的今天，没有与世隔绝的孤岛

In the era of economic globalization，there is no island completely cut off from the rest of the world.

【字幕】叙利亚：橄榄油

Syria：Olive oil

【字幕】巴西：大豆

Brazil：Soybeans

【字幕】俄罗斯：冰淇淋

Russia：Ice cream

【字幕】德国：数字机床

Germany：Numerically-controlled machine tools

【字幕】美国：核磁共振扫描仪

United States：MRI scanners

【字幕】加拿大：龙虾

Canada：Lobsters

【字幕】日本：与人协作机器人

Japan：Human collaborative-robots

【字幕】比利时："一带一路"物流贸易

Belgium：Belt & Road logistics and trade bases

【字幕】南非：大象酒

South Africa：Amarula

【字幕】天空足够大，地球足够大，世界也足够大

【字幕】容得下各国共同发展繁荣。

The sky, earth and world are big enough to allow the common development and prosperity of all countries.

【字幕】共有 82 个国家、3 个国际组织参与本届中国国际进口博览会国家展。

A total of 82 countries and 3 international organizations will showcase their achievements in country pavilions.

【字幕】来自 130 多个国家和地区的 3000 多家企业签约参展。

More than 3,000 companies from over 130 countries have confirmed participation in the expo.

【总书记原声】中国开放的大门不会关闭，只会越开越大。

China will not close its door to the world；we will only become more and more open.

【案例评析】

2018 年 11 月首届中国进口博览会举办前夕，新华社播出了融媒体作品《东方风来》。为了契合中国进口博览会的主题，短视频作品以一片"四叶草"为主线，"四叶草"飘到世界各国，邀请世界各国代表携产品奔赴中国参加进口博览会，"四叶草"在视频中起到衔接前后内容的重要作用。同时国家会展中心（上海）采用优美而具有吉祥寓意的"四叶草"原型，以中央广场为花心，向四个方向伸展出四片脉络分明的叶片状主体，具有美好寓意。短视频紧紧抓住"四叶草"的美好寓意，通过一片"四叶草"向世界各国发出中国诚挚的邀请函，该作品主线鲜明、寓

意丰富、故事性极强。

该视频作品重视视觉元素呈现。片头前十秒展示呈现上海标志性建筑东方明珠、中国国家会展中心（上海）、会展中心飘起的"四叶草"，配上文字"这是习近平主席亲自提议并向世界宣布的，是世界上首个以进口为主题的大型国家级展会"，设下悬念习近平主席宣布的首个进口国家级展会，引起观众思考如此隆重的展会会展出什么好产品，紧紧抓住观众的好奇心，符合短视频创作特点，以悬念为开头吸引观众继续往下观看。视频还运用了虚拟动画形式呈现，橄榄枝一夜长成、俄罗斯传统建筑屋顶形状的冰淇淋美味十足、酒瓶插上船帆通过黄浦江到达会展中心、汽车插上翅膀飞向会展中心、口红穿过上海老弄堂飞向会展中心、各种水果乘坐公交车奔赴会展中心……给产品加以拟人化手法，乐趣十足。可以看出该短视频通过虚拟动画加真实场景呈现使得画面更加丰富多彩，故事更为生动形象。

文字起到补充说明的作用。在短视频创作中一般没有过多的画外音，文字说明起到重要的补充说明作用。该作品中重视字幕的运用，"四叶草"起飞之时配以"我们生活的世界充满希望，也充满挑战，在经济全球化的今天，没有与世隔绝的孤岛"字幕，表明了开放的重要性和举办首届国家级进口博览会的重要意义。"四叶草"每到一个国家都加以文字补充说明该国家的特色产品，叙利亚的橄榄油、巴西的大豆、俄罗斯冰淇淋、加拿大龙虾等，让观众通过文字了解视频的意思，最后配上习近平主席"中国开放的大门不会关闭，只会越开越大"原声，前后呼应，紧扣视频主题。

短视频创作除了要重视视觉元素、听觉元素、文字元素多种元素呈现外，更重要的是讲故事的能力，3分钟时间完成呈现一个主题思想明确、生动有趣的故事，对于融合新闻工作者来说是一种挑战。

三、实训任务

（一）实训项目名称

视频新闻写作。

（二）实训目的与要求

1、掌握视频新闻文本写作方法和技巧。
2、掌握视频新闻文本的写作、学会编辑视频新闻素材。

（三）实训内容

根据新闻热点找视频新闻选题,制作 5 分钟以内的新闻热点评论短视频。

（四）实训方法与步骤

1. 寻找视频新闻报道的选题。
2. 根据选题进行选题资料搜集和写作。
3. 进行视频拍摄与后期制作。

项目五　音频与融合新闻写作

一、基础理论

（一）音频在融合新闻写作中的作用

音频是最好的激发想象力的媒介元素,在报道突发性新闻、现场直播及传递带有私密感的信息方面具有独特的优势。音频播报容易使人产生在场感觉和亲密感觉。融合新闻报道中可以利用的音频素材主要包括:相关的音频新闻、采访录音、录音历史资料、背景与环境音响、音乐等。音频的主要作用如下:

1. 补充相关信息

音频新闻与其他形式的新闻常常是从不同的角度、不同的侧重点对新闻进行报道,因此,音频新闻可以补充在其他形式的新闻中没有出现的信息。在采访时,征得被访对象同意的情况下,可以对采访对象的讲话进行录音,以备融合报道的需要。另外可以搜集一些与新闻事件相关的音频报道作为素材,或者把视频新闻中的音频剥离出来单独使用,这些以往的音频可以作为背景资料被使用到融合报道中。

2. 渲染报道气氛

利用与新闻事件相关的现场音响,可以让人如临其境,产生感同身受的效果,加强新闻报道的真实性。当事人的述说、目击者的讲话等,是一种"证据",可以增强新闻在真实性方面的说服力。这些录音材料,不一定要制作成完整的新闻,可以以音频片段的方式,在合适的地方整合到融合报道中。例如,当文字稿件引用某个人说的话时,可以提供一个链接,让受众收听他的原始录音。当图片中出现了某个人物时,也可以在他的图像上加入一个链接,传达报道的基调。与图片一样,音频也可以让人直观感受报道的基本情绪,特别是音乐的运用。现在越来越多的融合报道会加入背景音乐,如果背景音乐选择恰当,就可以形成一种贯穿始终的情绪氛围,让受众沉浸其中。

3. 丰富融合报道手段

音频主要是利用听觉进行信息传递,在融合报道中适当加入音频文件,能够使融合报道的内容呈现方式更加丰富。在以互联网终端作为主要新闻输出载体的融合报道产品中,声音的主要运用方式包括:作为链接,由受众点播;作为背景声音,伴随受众的阅读过程;整合进 Flash 中。

(二)音频在融合新闻文本中的运用

1. 音频与文字结合

在网络新闻传播中,声音往往起到辅助作用,它需要与其他形式的新闻报道相互配合,才能充分发挥其作用。因此,多媒体应用有利于挖掘声音报道的潜能。同时,也可以使音频新闻通过更多途径到达受众。可以说,多媒体应用将为音频新闻在网络中的发展提供更多的空间。网络音频新闻不应该是广播新闻的简单复制,在音频中加入文字,能够使受众对新闻有多重感官上的理解和感受,上传网络的文字稿件可以是音频新闻的文字脚本,也可以是相同事件、相同主题的其他文字新闻。

2. 音频片段

另一种运用音频较好的方式是在网页音频文件报道中插入增加语

气或背景,可以是简短的、经过编辑的采访、演讲及新闻事件的同期声,也可以是未删减的新闻事件的呈现。音频片段让听众听到更多的有关演讲的背景。现在一些新闻机构,会将取自采访中的视频片段(被采访对象头部,俗称为"讲话者的头部特写"镜头)编入自家网站中多媒体部分,这些视频片段往往是从新闻报道的话题中分离出来的。虽然这些是视频,但是其主要特征是音频,是同期声。这些扩展的音频剪辑让受众有机会得到更多的受访者或演说者所讨论话题的背景。

3. 音频幻灯片

结合了静态图片、同期声、自然声音和旁白声音等视觉报道讲述手段。有时候,如果同期声可以提供解释、细节和背景,那么单用同期声和自然声音可能就足以讲述这则报道。把音频幻灯片组合到一起,首先是形成一则报道,然后再增添与报道相关的图片。幻灯片文字稿可以如一个音频包那样组合到一起,开头有力且围绕着信息、富有表现力的同期声而建构。不过,音频中添加画面的报道,需要在文字稿中将词汇与画面相联系。撰写文字稿时,脑海中必须有画面。

4. 音乐

运用音乐可以帮助观众获得基调和语境,不过记者需要谨慎使用音乐,因为音乐有可能会掩盖报道的缺陷,还可能带来版权和其他法律伦理问题,对受众而言,更有可能标志着欺骗和不真实性。

二、典型案例

带着 4000 个口罩独自逆行武汉的小伙走了,临别时他紧紧拥抱……①
【节选】

关闭了 76 个日夜的离汉通道,昨天(4 月 8 日)零点重新开启。这些天以来在武汉的人,终于再次与武汉之外的世界建立起了物理连接。

而在武汉,有这样一个特殊的群体,他们是自驾车从外地来武汉支援的民间志愿者们。楼威辰就是其中的一位。大年初一,他从老家浙江安吉出发,带着自费购买的 4000 个外科口罩,开着车来到武汉。

---

① 中央观点总台中国之声.带着 4000 个口罩独自逆行武汉的小伙走了,临别时他紧紧拥抱……

昨天上午 10 点半,他从武汉出发,自驾车离开武汉。在武汉的这些天,他都经历了什么? 离别的路上,他都有哪些思考?

志愿者离汉
来自中央广电总台中国之声
00:00　　　　　　　　　　　　　　　　　05:10

当无法坚持时
请拨打我的电话
我和希望都会出现

4 月 8 日上午的江岸区天兴花园小区,门口一个手持小喇叭,循环播报着疫情防控的注意事项。尽管离汉通道重新开启,要进出小区,出示健康码、测量体温等手续还是必不可少。

一头卷发、一件五彩斑斓的夹克,楼威辰和同伴拖着一个大号的行李箱,从天兴花园里走了出来。

这个同伴叫秀秀(化名),是楼威辰在武汉帮助过的第一个武汉人。2 月 8 日,秀秀的父亲患新冠肺炎离世,两天后,母亲住进了 ICU。

2 月 11 日中午,楼威辰从网上知道了秀秀家的情况,买了两盒饭送过去。跟盒饭一起的,还有楼威辰手写的一张便签:"没有一个冬天不可逾越,没有一个春天不会到来。坚持住,照顾好弟弟,你们母亲所需的蛋白粉已在打听。当无法坚持的时候,请拨打我的电话,我和希望都会出现。"

秀秀："当时我就觉得为什么会有这么好的人,那段时间感觉不是为自己而活,因为他们对我们太好了,不能辜负他们,就一定要坚强,要再努力下。"

"觉得有需要帮助的人,
进来做志愿者,
一留就留了 70 多天。"

大年初一,楼威辰从老家浙江安吉出发,带着自费购买的 4000 个外科口罩,开着车来到武汉。

楼威辰
每个时代都不缺为民请命的人

有人逃离湖北,就该有人跨过长江

来年,我们一起去看樱花

看过太多电影,就不说"等我回来"了

武汉,坚持住

4000 个口罩和一名志愿者正在路上

2020年1月25日 14:57

楼威辰："本来就想送个口罩,在武汉入城口一看,没有人、没有车。这比我想象中更严峻,就决定进来做志愿者,一留就留了 70 多天。"

74 天的武汉志愿者生活里,楼威辰手脚没停过。他说,一旦歇下来,就会有负罪感。

楼威辰："钱没了,我有能力把它重新赚回来。但是,一条条生命站在眼前的时候,(担心)只要稍一犹豫,可能就会发生让一辈子都遗憾的后果。"

帮过像秀秀一样的武汉市民,搬运过物资,接送过医护人员,也帮外卖小哥送过外卖。那天武汉下特别大的雨,楼威辰看到一个外卖小哥,推着电瓶车也没有穿雨衣,然后他就摇下车窗问怎么回事,外卖小哥说电瓶车没电了。"

楼威辰跟外卖员约好时间,回到临时住所卸下物资,折回头接上外卖员,开车和他一起送完所有的单。

楼威辰："我在车上问他,如果今天你没有遇见我,会怎么做?他告诉我,会在我家那块区域找一个屋檐下面蹲一晚上。"

当时,楼威辰觉得,这个城市里,很多人都在拼命生活,拼命帮着别人。为防控疫情所做的封控措施,放大了生活中的困难,但是也放大了日常当中感受不到的善良。

楼威辰："封了城之后,人与人之间的距离是更近的。疫情是一个把人的个性和特点放大的过程。以前你或许有善良的种子,在日常生活中可能无法体现出来它的价值,而在疫情当中就会体现出来,会把善良放大成更大的善良。"

......

【案例评析】

这是中国之声制作的一篇融合报道新闻作品,选题非常有意义,关注独自逆行武汉的小伙子楼威辰,而他正是众多逆行武汉志愿者的缩影之一,通过楼威辰讲述他的故事来体现志愿者无私奉献的伟大精神。

该作品运用了声音、文字、图片多种元素相结合,是一篇典型的融合音频报道作品。它重视音频与文字相结合。融合传播时代广播电台也会在公众号等自媒体平台刊发广播新闻,但是仅仅传播音频是无法吸引受众去听的,且受众在某些场合也不方便听音频。跟视频不同,不播放声音也可观看视频了解内容,音频不可以,所以需要加以文字做以说明。在受众不方便听声音的场合也可通过文字了解音频内容,达到很好的传播效果。案例中的音频新闻文字与音频采访内容并不是完全一一对应,有的内容声音是无法呈现的,用文字加以说明,比如开头的"导读",引导读者了解新闻梗概,楼威辰说的很有意义的话、观点,在文中采用居中、加粗等形式呈现出来,既可以点明下述内容的核心,也可体现楼威辰无私奉献的志愿者精神,这是纯音频作品中无法呈现和突出强调的。在该作品中还运用了大量的图片对音频、文字加以说明,比如楼威辰发的朋友圈截图,就能够很好地体现他的想法,而他和其他志愿者在武汉的合照,也能够体现出志愿者并不仅仅只有楼威辰,而是一个群体,是一群活泼、阳光的年轻人。通过案例可以看出,融合时代,音频新闻制作,不能仅仅满足于声音的传播,更应该融合多种元素,对声音加以补充说明。

三、实训任务

(一)实训项目名称

音频新闻写作。

(二)实训目的与要求

1. 掌握音频新闻文本写作方法和技巧。
2. 掌握音频新闻文本的写作、学会编辑音频新闻素材。

（三）实训内容

据新闻选题写一篇新闻稿,要在新闻稿中融入音频。

（四）实训方法与步骤

1.找音频新闻报道的选题。

2.根据选题进行选题资料搜集和写作。

项目六　超链接与融合新闻写作

一、基础理论

（一）超链接在融合新闻写作中的价值

没有超链接就没有互联网,超链接把各种资源联结成信息之网。超链接,又称链接,是指从网页的某个位置连接指向另外一个目标,这个目标可以是另外一个网页,也可以是本网页的另外一个位置,还可以是一个文件或程序。存放超链接的页面是源页面,链接指向的页面是目标页面。超链接在融合新闻报道中的价值主要表现在以下几个方面:

1.超链接发挥参考文献功能

传统新闻报道以消息来源的形式处理相关问题。从严谨性上看,其对出处的标注不像学术作品那样严谨,一方面它使得新闻报道更加简洁,省却了烦琐的程序;另一方面它也使得人们很难继续就某一感兴趣的信息或问题寻根溯源,进行更为深入的探究。

超链接实现了参考文献的功能,它同时满足了呈现形式的简洁要求和用户深入研读的需求。用户首先看到的是一个完整的新闻报道,它没有烦琐的表现形式,提高了表达的效率,而有兴趣的读者则可以点击超链接进入相关页面继续阅读——有时超链接的页面呈现的信息量可能会很大,甚至会远远超过原来新闻报道的容量。采用超链接的形式使得新闻报道能够满足不同用户的不同需求,增强了新闻报道的功能,方便了读者收受信息,并使得新闻报道有了更加严谨的形式,满足了读者继续阅读研究的需要。

2. 超链接让新闻报道在时空中穿梭

超链接使得新闻报道能够与过去的报道、资料相连,并能够延展到未来。现在的报道有可能被未来的某个新闻报道链接,成为未来报道的背景资料。"今天的新闻就是明天的历史",超链接使得新闻报道成为有据可查的历史存在,提升了新闻的价值。从这个意义上讲,超链接使得新闻报道得以在时空中穿梭,它赋予新闻更强的活力,延长了新闻的生命。新闻有可能不再是易碎品,超链接增强了新闻的文献价值。

3. 超链接改变了新闻叙事方式

传统新闻报道往往是单一的、孤立的,在传统媒体条件下,新闻报道很难实现与其他报道的灵活联系和互动,它们成为一个个孤立的存在,缺乏活力。

传统媒体条件下,连续报道中各个新闻稿件之间虽然有联系,但这种联系也是基于同一报道主题叙事的需要,它是迫于事件进程、采访调查、篇幅时段等限制而对同一新闻事实的切割,并非能够与其他主题稿件灵活链接,仍然逃脱不了孤立的特性。它仍然是线性的报道体系,而非立体化的报道体系;它仍然是一个封闭的体系,而不是一个开放的体系。

超链接让新闻报道立体化,改变了传统的新闻叙述方式,新闻报道不再是孤立的、线性的、封闭的,而变成了联系的、立体的、开放的结构。超链接提供了更加丰富多样的信息,让新闻报道变成一个开放的体系,使得新闻报道更加丰满。

(二)超链接在融合新闻写作中的运用

超链接是为了加强信息之间的联系,通过这种层级之间的关系让读者能够了解更多的信息,没有必要加入的超链接反而会增加额外信息,削弱主体信息的地位。在网络新闻中加入超链接,是为了在不影响主体文本的情况下拓展新闻报道的内容。因此要以新闻文本为主,超链接为辅,二者协调搭配,不能出现超链接喧宾夺主的情况。

1. 超链接的方式

根据超链接所处位置的不同,超链接的方式主要分为两种——文中链接和文尾链接。文中链接是指对报道当中出现的关键词语、句子或其他媒介元素做链接；文尾链接是指在报道结束的地方重新开辟空间，以参考文献的形式罗列相关文件的标题并予以链接处理。

根据超链接指向对象数量的不同，超链接还可分成单一对象链接和多个对象链接。单一对象链接是指链接仅指向一个目标对象，当点击超链接时没有其他指向对象可供选择；多个对象链接是指链接指向多个目标对象，当用户将鼠标指针放置到它上面时，屏幕上会自动弹出一个链接标题页面，用户可根据个人兴趣选择点击具体的链接标题。

2. 设置关键词搜索链接

凡是遇到关键词的地方均可考虑给予搜索引擎链接，用户只要将鼠标指针移到关键词上就可以点击链接，阅读更加详细的信息。腾讯即时通信工具 QQ 聊天窗口就具有这种功能，例如当用户谈到星云大师的时候，"星云大师"关键词下面会出现虚线，将鼠标指针移到关键词上面并点击，则会在右侧弹出搜索结果窗口，内容包括星云大师的博客、星云大师视频、星云大师图片、百度百科、相关新闻资讯等。因此，采用关键词搜索链接便于用户轻松、快捷地了解详情。

3. 更加广泛的搜索链接

每个用户对关键词的认定和理解都会有所不同，每个用户在收受新闻的过程中的疑问也会千差万别。尽管编辑按照自己的理解对部分关键词做了链接，但总是存在用户想深入地搜寻相关信息而编辑没有提供链接的情况，新闻工作者有时很难把握所有用户的口味。

融合新闻报道应该考虑用户的个性化问题，采取积极有效的手段满足用户的需求。从传媒技术上讲，传统媒体很难解决类似问题，但互联网技术却可以轻松地应对此类问题。可以采用以下设计思路：当用户选定有疑问或感兴趣的词语时，单击鼠标右键便会弹出搜索对话框，由用户从搜索结果列表中选择适当的页面进行浏览，收受相关信息。

4. 提防死链接

不管采取什么形式的链接，保证链接的有效是最关键的。文中链接、文尾链接等直接对相关文字开展的链接尤其需要注意提防死链接。死链接是指由于链接的文件被删除等原因，读者在点击链接时，页面不能正常显示的情况。融合新闻工作者可以通过设置"纠错反馈"功能，让用户及时提供死链接信息,并及时予以改正,给用户留下美好的阅读体验。

二、典型案例

3 月 5 省 CPI 涨幅 "破 5" 各地已发 18 亿价格补贴 ①

今年 3 月全国 CPI(居民消费价格指数)同比上涨 4.3%,连续两个月回落。在此背景下,各地的物价情况如何?

4 月 13 日国家统计局发布的数据显示,湖北、四川、云南、海南、广西 5 个省份今年 3 月 CPI 同比涨幅 "破 5",其中湖北以 6.3% 的同比涨幅领涨全国。而上海、西藏、甘肃、宁夏、新疆 3 月份的 CPI 则处于 "2" 时代,新疆同比涨幅最低,为 2.4%。

为了应对物价上涨,今年以来,全国大部分地区都启动了联动机制,为困难群众发放价格临时补贴—— "采取按月计算、按月发放" 的方式。

民政部社会救助司一级巡视员伊佩庄 4 月 10 日在新闻发布会上表示,据不完全统计,截至目前,全国共为 6155.3 万人次的困难群众发放了补贴 18.8 亿元,月人均获得补贴 47 元,其中湖北省为 370 万人次发放了价格临时补贴 4.4 亿元,人均获得补贴 120 元。

湖北 6.3% 领涨

国家统计局发布的数据显示,2020 年 3 月,全国 CPI 同比上涨 4.3%,涨幅比上月回落 0.9 个百分点,结束了今年前两个月超过 5% 的高位运行,重回 4 时代。

从各地的情况来看,全国 31 省(区、市)中,湖北、四川、云南、海南、广西、广东、山东、河南、贵州、黑龙江十个省份 3 月份 CPI 同比涨幅超过全国平均水平(4.3%),山西 3 月份 CPI 同比涨幅与全国持平,其余 20 省份 CPI 同比涨幅均低于全国平均水平。

其中,CPI 突破 6% 的省份逐月回落。时代周报记者查阅历史数据发现,今年 1 月、2 月和 3 月,CPI 破 "6" 的省份分别为 5 个、4 个和 1 个。3 月,湖北 CPI 同比涨幅为 6.3%,成为 3 月唯一一个同比涨幅突破 "6" 的省份。

根据国家发改委、民政部等五部门 2016 年联合发布的通知,CPI 单月同比涨幅达到 3.5% 或 CPI 中的食品价格单月同比涨幅达到 6%,即

---

① 网易财经.https://money.163.com/20/0414/16/FA6HBNFE00259DLP.html,2020-4-14。来源: 时代周报。

可启动临时价格补贴。该政策旨在保障困难群众的基本生活。

4月8日,国家发改委、民政部等六部门联合发布《关于进一步做好阶段性价格临时补贴工作的通知》,将3月至6月价格临时补贴标准提高1倍,同时将保障范围扩大至孤儿、事实无人抚养儿童、领取失业补助金人员。

国家发改委价格司副司长彭绍宗在4月10日的新闻发布会上要求,各地尽可能缩短发放补贴所需的时间,务必在物价指数等统计月报数据发布之后的20个工作日之内将补贴发放到位。

专家:年内CPI高点已过

从全国层面看,市场普遍预测,今年全年CPI大概率保持下行趋势,整体上涨的压力不大。

交通银行金融研究中心高级研究院刘学智对时代周报记者表示,随着能繁母猪和生猪存栏量逐渐回升,猪肉供给将逐渐增加,猪肉价格涨幅也将趋于收窄,对CPI的拉动作用将减弱。

"疫情导致消费需求偏弱,再加上工业品出厂价格下降,难以支撑相关消费品价格上涨。"刘学智预测,全年CPI翘尾因素前高后低,二季度CPI涨幅仍然保持在3%以上,三季度之后显著下降。综合来看,年内CPI高点已过,未来CPI整体上涨压力不大。

招商证券首席宏观分析师谢亚轩也对时代周报记者分析,随着疫情对商品供应冲击的逐渐缓解和猪肉产能的边际恢复,2月下旬以来农产品价格指数已经有所下降。预计下半年CPI基数因素将明显回落,全年CPI大概率将趋于下行,其中2季度将向下冲击4.0%的水平,3季度之后下降速度进一步加快,可能连续回归3.0%、2.0%的水平,4季度则可能低于2.0%。

文尾超链接:

延伸·推荐

3月份CPI同比上涨4.3%,专家认为降准降息仍有必要

东方金诚首席宏观分析师王青10日接受《证券日报》记者采访时表示,3月份CPI同比涨幅明显回落,月内猪肉、鲜菜价格走低是主要原因,粮食价格继续保持稳定;主要受国际油价下跌带动,非食品价格涨幅下行,另外疫情期间各类商品、服务需求受限,也带动相关价格水平走低。

【案例评析】

超链接在融合新闻写作中是最常用的一种手法,它可以起到拓展新闻报道的作用,给读者补充更多相关的新闻背景、数据资料等内容。

案例讲解的是 3 月全国 CPI(居民消费价格指数)同比上涨 4.3%,连续两个月回落,是一则财经新闻报道。在超链接形式上使用的是文尾链接,使用"延伸·推荐"方式提醒读者,在报道结束的地方重新开辟空间,以参考文献的形式罗列相关文件的标题并予以链接处理,在给出"3月份 CPI 同比上涨 4.3%,专家认为降准降息仍有必要"链接的同时,还在下方加以一段文字进行导读,提示观众链接的主要内容,引起观众的阅读兴趣。除了文尾链接的方式,案例中还是用了文中关键字链接。这是一则财经新闻报道案例,财经新闻涉及非常多的专业知识和行业权威专家,需要给读者提供更多的信息以帮助读者阅读理解新闻和获取更多相关的新闻信息。如案例中第一段对"CPI"(本书使用标下划线方式呈现,下文关键字链接相同)进行关键字链接,链接到的是推荐阅读新闻《从 CPI 到 UTG,一条跨越了 20 年的柔性盖板之路》,在文末倒数第三段对"刘学智"和"猪肉价格"采用关键字链接,分别链接到的文章是《唐建伟、刘学智:通胀高峰已过,需求恢复仍需政策发力》和《猪肉价格跌破 20 元! 销量还大降 50%? 养殖户怎么走?》,文章最后一段设置关键字链接"谢亚轩",链接到的文章是《谢亚轩:大宗商品是今年最好的投资之一》。超链接的方式在新闻报道中,尤其是专业性新闻报道中,发挥着非常重要的作用。关键字链接既能提醒读者注意,同时也能拓展阅读。案例使用文尾链接和关键字两种方式相结合,给读者提供更多的财经新闻知识和重要信息,满足读者需求。

三、实训任务

(一)实训项目名称

超链接新闻写作。

(二)实训目的与要求

1. 掌握超链接新闻写作的重要性和写作特点。
2. 掌握制作超链接新闻。

（三）实训内容

根据选题写一篇新闻稿，要求在新闻稿中融合超链接技术。

（四）实训方法与步骤

1. 寻找新闻报道的选题。
2. 根据选题进行选题资料搜集和写作。
3. 在新闻作品中制作关键字超链接和文尾超链接。

项目七　网络新闻文本写作

一、基础理论

（一）融合背景下网络新闻文本写作新特点

南京大学新闻传播学院杜骏飞教授在其《网络新闻学》中，曾对网络新闻做了如下定义："网络新闻是指传授基于 Internet 的新闻信息，具体说来，它是任何传送者通过 Internet 发布或再发布，而任何接收者通过 Internet 视听、下载、交互或传播的新闻信息。"网络新闻也是网络信息的一种，网络信息在传播过程中有其自身的特点。

1. 即时传播

网络信息传播是一种即时传播，只要互联网可以通联的地方，信息传播就能够不受地域、时间的限制，随时随地进行制作和传播。因此有一种说法，互联网让地球成为村落。互联网即时传播的特性不仅让用户习惯于在第一时间去网上"看新闻"，也让受到出版和制作周期制约的传统平面媒体、电视媒体寻求实现即时传播的突破。例如，现在媒体的客户端、官方微博和微信公众号就能在一定程度上弥补传统媒体即时性不足的问题。即时传播还给了广大互联网用户发声的平台，人们越来越习惯在网上寻求解决问题的方法、寻求帮助、揭露社会黑暗面、提供各类有价值的新闻线索，这也大大节约了媒体记者四处奔走寻找新闻线索的成本。

2. 交互传播

交互传播指的是参与传播活动的主体之间的多向交流与互动。传统媒介也能够实现交互,比如读者来信、观众或者听众连线等。但由于传统媒介本身存在的版面限制或者节目时长限制等,这样的交互活动的容量也同样受到限制,而且新闻传播主体拥有极大的交互控制权。而在互联网平台上进行的交互传播,不仅信息容量大、渠道通畅,也不受同步交互或者异步交互的限制。

3. 全媒体

互联网是一个全能的集纳平台,任何信息表现形式都可以借助网络技术得以传播。文字、图像、动画、音视频可以同时出现在一部新闻作品中。因此互联网是实现融合新闻报道的技术基础。网络新闻作品也成为兼具数据、文本、图形、图像、声音的超文本结构,实现了文字、图片、声音、图像等报道手段的有机结合,因而是立体的、网状的、多维的。在网页上不仅有文字报道、新闻图片,而且还有音频新闻和视频新闻。

全媒体技术使网络新闻报道几乎同时具备了报纸、广播、电视的传播优势:它可以组织深度报道,而且比报刊更能就某一事件进行全面、深入、细致、充分的报道;它的图像、图表、声音和视频可以使报道生动形象,具有现场感;它的信息可以随时更新,以电子速度在网络中流动,迅速及时,又不受版面、时段与频率的限制,可以发布无限量的信息,而且还易于保存,更可提供全文检索。

(二)新闻网站网络新闻写作

浏览网络新闻需要用户调动眼、耳、手,从大量的新闻信息中选择自己可能感兴趣的内容。网络新闻是利用互联网页进行内容设置,相对而言用户具有一定的主动选择权。但由于网络新闻是一种非线性结构的超文本结构信息,快速浏览、浅阅读也成为网络用户典型的阅读心理。网络新闻要想达到良好的传播效果,写作者就要综合考虑互联网传播的特点和网络用户接收信息的习惯。因此网络新闻文本写作也表现出与传统平面媒体文本写作的差异。

1. 网络新闻标题的制作

网络新闻标题本身就是一种超链接设置,同时又是新闻内容的体现,其不仅要符合网络页面设置的要求,迎合用户阅读习惯,还要力求达到最佳的传播效果,吸引网络用户的点击和阅读。在以网络为载体的网络新闻传播过程中,由于网页制作的结构限制,传统媒体中的新闻在经由网络转载的过程中其标题会被简化、重组为分条并列堆砌的方式,将具体内容用超链接的方式予以省略。

2. 尽量使用开门见山的写作结构

读者浏览网页的感觉和阅读纸质媒体不同,互联网各类导航以及超链接散布在网页中的各个角落,随着鼠标在网页上的快速滑动读者的注意力很容易被其他内容吸引。因此记者在写作网络新闻文本时应尽量在开头的段落就表明此文的中心思想,可以用"标题 + 提要"的方式来改善页面只罗列标题的状况。尽管标题、提要和导语之间可能会重复,但这并不妨碍报道的可读性。

倒金字塔结构对于大多数新闻报道来说都是很好的结构形式,将要点与核心段放在报道的最前端,其他信息按重要程度递减的顺序列出,或者后半部分采用沙漏式结构写作。这种写作方法与为平面媒体撰写新闻报道没有什么不同。

3. 新闻可视化

现代网络用户大多利用移动终端阅读互联网新闻,因此使用可视化的呈现形式更符合现代读者的需求。他们更容易接受图形和图像而不是长篇的文字。另外,新闻可视化需要内容生产者把很专业的信息进行常识化的解读,这需要写作者对新闻事件有深入的理解和准确的把握。

新闻的可视化处理并不是凭新闻文本写作者的一己之力就能够完成的,但记者要有这个意识,毕竟这种表现形式是能够充分体现互联网传播优势的,并且非常直观。

二、典型案例

电商每周热点：全力以"复"实现经济回暖 ①

人民网北京 4 月 10 日电（记者毕磊） 人民网新电商研究院盘点近期行业热点资讯：电商平台及时快速推出多举措助力武汉抓好疫情防控、经济恢复和企业服务，推动消费、制造、内贸和外贸的全面回暖。"新基建"、"电子消费券"、直播带货、5G 是行业布局关注点，行业近期新问题、新动向值得关注。

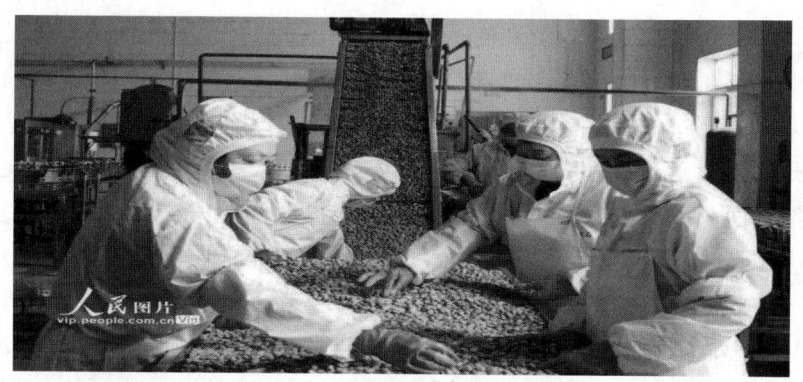

湖北宜昌：三峡库区企业陆续复工生产就地转化农村劳动力

1. 阿里京东积极援鄂

阿里董事会主席张勇 4 月 8 日在武汉"云招商"专场活动上表示，阿里巴巴愿全力发挥在数字技术和商业上的优势，整合全平台能力，助力武汉全面回暖，还将为武汉完善城市治理、探索超大城市现代化治理等提供助力。

为全方位助力湖北经济恢复及当地中小企业发展，京东集团 4 月 8 日宣布，将在未来三年向湖北投资超过 60 亿元，围绕新基建、产业扶持、扶贫助农三大领域推出一系列支持举措。目前，京东已在湖北推出系列费用减免和扶持计划，包括"春雨计划""买光湖北货"活动、京东生鲜 10 万吨小龙虾包销计划等。

① 人民网·财经频道，http://finance.people.com.cn/BIG5/n1/2020/0410/c1004-31669163.html，2020-4-10

2. 湖北快递业复工率超九成

自 3 月 17 日以来,苏宁物流、顺丰、京东物流等大型物流企业力促有序复工复产。据国家邮政局数据显示,截至 3 月 31 日 12 时,湖北主要寄递企业从业人员累计返岗 8.20 万人,返岗率 93.07%;累计恢复营业网点 1.2 万个,复工率 92.13%。其中,武汉市主要寄递企业从业人员累计返岗 3.6 万人,返岗率 85.83%;累计恢复营业网点 3099 个,复工率 75.24%。

美团研究院 4 月 8 日公布的 1-3 月武汉外卖骑手大数据显示,1 月 23 日至 3 月 30 日,武汉人在美团产生了 396 万订单,日均配送距离和配送总量均有所增长,共有超万名美团武汉骑手参与配送工作,这些骑手以 30 ~ 40 岁的中青年为主,占比 41.4%,超过七成的武汉骑手来自湖北本省。截至 8 日中午 12 点,武汉已有近六成餐饮商家恢复外卖业务。

4 月 8 日武汉迎来“解封”,重启首小时共 2600 万人上支付宝“逛武汉”;重启后 10 小时达达配送单量增长 287%,平台活跃骑士增长了 273%。京东到家平台在武汉地区的销售额相比 3 月 8 日同时段增长了 240%,是 2 月 8 日同时段的 10 倍以上。

3. 电子消费券发放金额超 56 亿元,进一步带动消费

据不完全统计,3 月以来,全国已有超过 30 个省、市和行政区开始发放消费券,发放金额超过 56 亿元。其中,通过支付宝发放的消费券金额超过 40 亿元。4 月 7 日杭州商务局数据显示,杭州自 3 月 27 日开始发放消费券,截至 4 月 6 日 16:00,杭州电子消费券已经带动消费 22.26 亿元。清明小长假三天,消费券带动杭州消费 7 亿元。支付宝方面表示,截至目前,全国已有超千万线下商家受益于消费券,其中 9 成以上为中小微商家。

4. “县长”“院士”“小朱配琦”直播助力农货销售

日前淘宝发起的“我为湖北胖三斤”迎来首场直播。央视新闻主持人朱广权和淘宝主播李佳琦连麦为湖北农产品带货,被网友调侃为“小朱配琦”组合。数据显示,2 个多小时的公益直播时间里,吸引了 1091 万人观看,累计观看次数 1.22 亿,直播间点赞数 1.6 亿,累计卖出总价值 4014 万元的湖北商品。

抖音"县长来直播"助农项目近日启动春茶专场,4月2日至3日,县长们在直播间推荐的浙江西湖龙井、钱塘龙井、新昌大佛龙井、广东新会小青柑、湖南安化黑茶等优质茶叶,累计售出911万元。此外,数据显示,截止4月7号,已有37位县长走进直播间,联合多位平台创作者销售农产品超过113万件,销售额超6000万元。

4月8日,中国工程院院士朱有勇首次走进拼多多和央视新闻的联合直播间,为云南省澜沧县扶贫的冬季马铃薯代言。数据显示,一个小时的直播内共吸引54万人观看,当天挖出的近25吨土豆销售一空。据悉,澜沧县是中国工程院于2015点确定的院士专家科技扶贫点,朱有勇在5年内引进并带动当地孵化出特色产品冬季土豆。

5. 阿里巴巴"春雷计划"携平台落地推行

4月8日消息,为响应阿里巴巴"春雷计划",天猫海外推出"全球包邮服务"和"全球分销平台"两项举措,旨在降低出海成本,加速国内中小外贸商家出海。其中,新加坡、马来西亚成为第一批推行天猫海外"全球包邮服务"的东南亚国家。此外,天猫海外正联动全国各地跨境电商综试区,加速产业带商家出海。同日,为积极响应阿里巴巴"春雷计划",支付宝推出7项支持举措,力撑服务业商家数字化突围。这7项措施包括:上线"武汉专区";联合支付服务商帮助500万线下门店数字化升级;联合阿里本地生活推出餐饮行业"新蓝海计划";联合网商银行为1000万小店提供无接触贷款;联合1688为商家提供一站式进货渠道等。支付宝表示,这7大举措将在湖北武汉率先落地。

6. 京东物流与格力达成战略合作,共同研发防疫机器人

近日京东物流与珠海格力智能装备有限公司宣布达成战略合作,双方共同打造三款组合式机器人,可助力完成机场、商超、火车站、办公楼以及室外公共环境等人员聚集场所的消杀、巡检、发热预警等工作。该组合包括消毒机器人和巡检测温机器人两类,其中消毒机器人还分为室内和室外两种。据悉,这三款智能机器人是基于京东物流X事业部在人工智能、自动驾驶、物联网等方面的科技优势,借助格力领先的工业制造能力和供应链管理优势,共同打造而成。京东集团副总裁、X事业部总裁肖军表示,这三款智能机器人本月将实现量产。

7、苏宁易购总裁侯恩龙：投入 10 亿 5G 换新专项补贴

近日，苏宁易购召开首个 5G 手机节线上直播发布会，苏宁易购总裁侯恩龙表示，苏宁将联合运营商、上游供应链合作伙伴以及以旧换新服务商，投入 10 个亿成立 5G 换新专项补贴基金，消费者通过苏宁以旧换新购买最新的 5G 手机最高可补贴 3030 元。据悉，苏宁易购于 3 月 25 日宣布，将联合三大运营商和各大手机品牌厂商共同启动 5G 手机节，推出 5G 手机最高 24 期免息等活动。

8、支付宝联合阿里健康发布"趣闻"，"95 后"成养生主力军

4 月 2 日，支付宝联合阿里健康发布数据报告显示，在过去十天中，支付宝医疗健康类服务交易量增长 16 倍。其中最受欢迎的品类有体检、疫苗、眼科、口腔、儿科等服务。另外，2020 年 3 月购买体检套餐的用户数是去年同期的三倍。由此可见，国内用户对个人健康的重视程度逐步提升。与此同时，这份数据还显示出一些十分有趣的现象，"95 后"占据支付宝医疗健康服务用户数的 40%，成为最大消费群体；支付宝数字生活平台健康消费用户近六成都是男性。综上可知，当下年轻人群的健康意识会更强，而男性也会比女性更热衷健康消费。在健康消费力城市排名中，杭州、成都、北京、南京、合肥位列全国前五。

【案例评析】

案例主要讲了各个电商平台及时推出过重举措，助力武汉抓好疫情防控、回复社会经济和舍业服务。在报道立意上围绕疫情防控电商助力经济恢复为主题，立意高远，契合热点，选题有重要意义。

在写作手法上，符合网络新闻写作特点，在标题上借用了同音字手法，"全力以赴"使用为"全力以复"，既表明了电商全力以赴助力经济发展，同时也突出经济恢复的重点，一语双关。这是一篇综合性消息，为了使阅读性更强，使用了小标题并列式结构，"阿里京东积极援鄂""湖北快递业复工率超九成""电子消费券发放金额超 56 亿元 进一步带动消费""'县长''院士''小朱佩奇'直播助力农货销售""阿里巴巴春雷计划携平台落地推行""京东物流与格力达成战略合作，共同研发防疫机器人""苏宁易购总裁侯恩龙：投入 10 亿 5G 换新专项补贴""支付宝联合阿里健康发布趣闻，'95 后'成养生主力军"，八个小标题设置，使文章段落分明、内容清晰，增强了文章的可读性，避免读者阅读的疲劳感。案例中的新闻报道新闻事实详实，给读者提供了很多电商助

力经济发展所进行的优惠条件和政策,信息量大,发挥新闻报道的社会功能。

三、实训任务

(一)实训项目名称

音频新闻写作。

(二)实训目的与要求

1. 掌握音频新闻文本写作方法和技巧。
2. 掌握音频新闻文本的写作、学会编辑音频新闻素材。

(三)实训内容

改写一篇报纸新闻为网络新闻,符合网络新闻文本写作的要求。

(四)实训方法与步骤

1. 寻找音频新闻报道的选题。
2. 根据选题进行选题资料搜集和写作。

项目八　微博、微信、客户端自媒体新闻写作

一、基础理论

(一)微博新闻写作

微博是 2006 年由新浪网推出的一款社会化媒体产品,以席卷全国网民的态势传播开来。目前,微博已经成为中国网民关注并参与社会事务、进行自我表达的重要场所。微博作为新闻源,当新闻事件发生后,记者有可能第一时间通过微博平台捕捉到该信息(短讯)。信息可能由新闻当事人发出,也可能由知情者、认证用户、其他媒体微博等信息源发

出。记者需要进行核实、求证、采访当事人等工作。媒体微博内容发布中转发率和评论量较多的多为新闻内容的发布,但是由于互联网信息共享的特质,同样一个新闻事件可以被不同的媒体进行多次报道。因此,在媒体官方微博发布新闻内容时应当注意以下几点:

1. 明确信息来源

尤其是在媒体官方微博发布平台,既可以用长微博,又可以用添加原消息链接的方式对140字的内容进行补充说明。在上述两种方式的使用中,长微博内容如果经过了微博编辑的再加工,需要在文末注明消息的原始出处;如果是原封不动拷贝消息出处的长微博,则要注意不要将原文中标明消息源的水印去掉。

2. 内容概述准确无误

由于微博的字数限制,微博编辑会重新对新闻事件加以概述,选择原报道中较为重要或者引人注目的内容作为微博内容呈现。在这一过程中,需要编辑者认真阅读报道原文,尤其是细节性内容,比如数字、年代、地点等,以免在重新概述的过程中出错。如果是转发视频新闻,则需要将整个报道完整看完,再编辑微博的文字内容。

3. 核实求证新闻内容

微博编辑在信息发布过程中要注重对新闻内容的核实与求证。一方面,要尽量找到新闻的原始出处进行重要信息核对。消息经过的编辑环节越少,就越能维持新闻的原来面貌。由于新闻把关人在进行消息过滤和编辑时的主观性,也许会删减掉新闻中原本重要的内容,因此,对同样的新闻事件进行报道,要尽量找到新闻内容的原始出处,而不要使用经过多次编辑的网站消息。在微博平台中,则更应当注意多次转发所造成的重要信息遗失,以各类官方微博发布的原始内容为准,而不去使用已经被多次编辑或转发过的内容。此外,要核实信息真实性,谨慎转发。

4. 微博内容发布形式与风格的统一

通过对多个媒体官微的观察发现,同一个微博前后的文风变化很大,有的在转发其他微博时会有几十字点评,有的则以表情符号带过,这种变化会给微博读者造成十分随意的感觉,因此在发布内容时应当尽量避免。另外,形式的统一也是微博编辑专业化的体现,每个媒体的官方微博应有统一的形式和风格,包括标题、导读、配图等。

（二）微信新闻写作

微信是 2011 年由腾讯公司正式推出的一款智能手机的应用程序，用户可以通过微信进行即时通信，其朋友圈的分享让社会化关系代替了点对点的交互。与微博相比，微信新闻发布不再受到字数限制，微信可兼容的素材种类也更为丰富。对突发新闻事件的发布可以采用简短的文字或语音讯息；图文专题则可以更好地利用微信平台进行信息传递，其中也可以包括音视频以及动画文件。微信用户大多使用移动终端进行文本阅读，阅读时间零碎，导致阅读连贯性差。因此微信文本不宜过长，文字应当生动有趣味性，适于快速浏览，推送作品的标题要具有吸引力。

1. 与印刷媒体有所区别的标题

稍微正规些的朋友圈文本应该写标题，如果要求不严格也可以不写标题。标题通常放在正文首处的方括号中，顶格书写，不用居中。公众号文章通常必须写标题，标题是吸引用户、促使用户继续阅读下去的首要元素。印刷媒体标题写作通常都会严格限制字数，追求短的标题；社交媒体里公众号文章的标题字数却没有那么严格的要求，标题相对来讲要长一些。印刷媒体标题的表述通常中规中矩，而社交媒体的标题没有那么多束缚，更加口语化，更有亲切感。

2. 表达必须快节奏

社交媒体写作必须适应手机阅读的需求，加快表达的节奏。具体可以采取以下几项措施：

（1）使用短句子，甚至最简单的主谓句来表达。

（2）多分段，使用短的段落，甚至一句话一段。

（3）多留空白，段落之间要有空行，充分缓解阅读的疲劳感。

（4）印刷媒体段首通常空两个字符，网络媒体段首一般不用空两个字符，顶格书写、快速行文即可。

3. 推介有诀窍

那种天天在朋友圈生硬推销产品、发小广告的行为很容易招致厌烦，甚至会被拉黑。推荐产品或文章其实是有诀窍的，诀窍就是不要急功近利，而要从读者需求出发，善于研究读者心理，巧妙地加以推介。

（三）公众号新闻写作

自媒体环境下，公众平台日臻完善和成熟，对于新闻的传播力度也是空前强大，公众平台已然成为一个重要的媒体传播平台。在公众平台上，新闻的传播具有及时性、效率高、覆盖面广、互动性强等特征。

1. 起一个有足够诱惑力的标题。

2. 找到吸引眼球的首图，它能有效影响打开率。

3. 亮点前置，开头处一定要呈现有吸引力的内容。

4. 迅速进入主题。

5. 每300个字加一个小标题。

6. 结构要简单，可以使用并列结构，传统媒体的报道并不欢迎采用阿拉伯数字序号，公众号没有这样的约束，可以大胆地列1、2、3，以便更加清晰地呈现信息。

7. 正文中融合图片、视频、音频，减缓用户的疲劳感。

8. 注重搜索引擎优化，将关键词嵌入文章当中，不断强化关键词。

9. 注重社交媒体优化，呈现值得分享的内容。

10. 排版要简洁、清晰。

11. 公众号的内容有用、有趣很关键，不要像传统媒体那么严肃。

二、典型案例

【案例1】微博新闻

考研国家线公布 ①

考研国家线 #【祝顺利上岸！ #2020考研复试时间表 #】①复试启动时间原则上不早于4月30日；②4月26日至30日，举办"2020年研考招生复试网上咨询"活动；③ # 考研调剂系统5月20日左右开通 #。为梦想，继续努力！转需！

---

① 人民日报微博.2020-4-14https://weibo.com/2803301701/IDhzijKp8?refer_flag=1001030103_&type=comment#_rnd1617081292339

【案例评析】

微博新闻有字数限制,因此最主要的特征是简短,在案例中只用了一百个字左右就能完整呈现主要信息。案例中使用"#考研国家线#",由两个#框起来的文字,给"考研国家线"贴的一个标签,方便它与其他提到该关键字的内容相互关联起来,同时也表明考研国家线已经成为微博超话,是搜索该超话的关键字。在该微博中运用"【】"等符号,强调突出"2020考研复试时间表"。案例简短的微博文字中还是用了"①②③"符号,起着强烈的提示作用。同时,人民日报还在微博文字下方添加图片,对四月、五月考研复试时间表进行说明补充。由此可见在微博新闻写作中,最常用到"#""【】"等符号,一是起强调作用,二是凸显此为超话链接,可以借助关键字进行搜索更多相关信息。

【案例2】微信新闻

全球首个!陈薇院士团队研发的新冠病毒疫苗进入二期临床试验①

由军事科学院军事医学研究院生物工程研究所陈薇院士团队研发的腺病毒载体重组新冠病毒疫苗,于12日开展二期临床试验。**世界卫生组织官网公布,这是全球目前唯一进入二期临床试验的新冠病毒疫苗。**

13日上午,84岁高龄的武汉老人熊正兴在女儿陪同下完成了疫苗接种,成为二期临床试验中年龄最高的志愿者。

---

① 澎湃新闻·澎湃号·媒体.https://www.thepaper.cn/newsDetail_forward_ 6968960,2020-4-4

　　与一期相比,**腺病毒载体重组新冠病毒疫苗二期临床试验放开了年龄上限**,让一部分 60 岁以上的高龄志愿者加入其中。陈薇说,新冠肺炎危重症患者中高龄人群较多,疫苗必须能为他们提供安全屏障。

　　在防控新冠疫情的过程中,**我国组织开展了多种技术路线的疫苗研发,其中腺病毒载体重组新冠病毒疫苗研发工作进展显著,目前处于国际领先地位**。陈薇介绍,该疫苗以改造过的复制缺陷型腺病毒为载体,搭载上新冠病毒的 S 基因,进入受试者体内,使人体产生对 S 蛋白的免疫记忆,从而达到将病毒"拒之门外"的效果。

　　1 月 26 日,陈薇率团队赴武汉一线,与北京后方科研基地同时作战,开展疫苗研发攻关。**3 月 27 日完成疫苗一期临床试验接种的 108 位志愿者,目前全部结束集中医学观察,健康状况良好。**

　　腺病毒载体重组新冠病毒疫苗二期临床试验将招募 500 名志愿者参加,并引入安慰剂对照组,进一步评价疫苗的免疫原性和安全性。截至 13 日 17 时,已有 273 名志愿者接种疫苗。

　　【案例评析】

　　与微博新闻相比,微信新闻不再受到字数的限制,兼容性更为丰富。对于一些重大型的新闻事件,微信新闻都采用简短的文字进行报道,比如案例中关于陈薇院士团队研发的新冠病毒疫苗进入二期临床试验的最新进展情况,是重要的新闻事件,人民日报以五百字左右的文字通过短消息的形式报道出来。在编排方面,标题重点突出"全球首个"字样,还是用"叹号"标点符号,起强调作用;在写作语言方面,多使用短句子,多分段,使用短的段落,方便读者阅读,减缓读者阅读疲劳感。在内容排版上,文中对于重要的新闻信息,采用黑字体加粗的形式呈现出来,比如"**世界卫生组织官网公布,这是全球目前唯一进入二期临床试验的新冠病毒疫苗**""**我国组织开展了多种技术路线的疫苗研发,其中腺病毒载体重组新冠病毒疫苗研发工作进展显著,目前处于国际领先地位**"等,对读者阅读起提示作用。

　　【案例 3】微信公众号文章

　　英国强推"数字税"引争议,中国未来是否会开征? [①]**【节选】**

　　4 月 1 日,英国政府开始向本国的大型科技公司征收 2% 的数字税。根据英国皇家税务海关总署的文件显示,英国此次数字税的征收对象是

---

① 原创谷河传媒布谷岛 .https://mp.weixin.qq.com/s/-v9BjCjsck0lqx9a90bN7A.2020-4-13

"向英国用户提供社交媒体平台、搜索引擎或在线市场服务,从而获得收入的大型跨国企业",适用于全球销售额超过5亿英镑且至少有2500万英镑来自英国用户的企业,税基为该企业来自英国用户的收入,税率为2%。英国税务海关总署(HMRC)认为,到2025财年结束时,数字税可能会带来高达5.15亿英镑(约合6.65亿美元)的额外年收入。

但是,此次开征数字税受到了跨国互联网公司和英国本土企业的反对。除了英国,其他国家和地区有关"数字税"的税改同样也推行不顺。数字税提案经过近一年的磋商,欧盟于2019年3月宣布暂不在全欧盟范围内推行数字税计划,目前只有法国、奥地利、土耳其等国自主施行。

"数字税"到底动了谁的奶酪?日前,一位入驻亚马逊平台的中国商家对英国开征数字税有些担忧,他对谷河传媒表示"尚未收到任何通知,仍在观望之中"。对于网购已成为日常生活一景的中国消费者来讲,他们的忧虑更显而易见:"羊毛出在羊身上,企业的税收负担加大后最终还是转嫁到消费者身上。"

……

"数字税"已成为全球性问题

梳理数字税的发展历史,谷河传媒发现这是飞速发展的跨境数字业务与传统税收体系之间的博弈。

财新网专栏作家陈立彤曾在财新网发表《苹果公司的避税"三明治"是怎么做的》一文中解构这些跨国大企业如何避税。

图片来源网络

以苹果公司为例,它采用的方法是所谓的"避税三明治",主要通过两家爱尔兰子公司和一家荷兰子公司来达到避税目的,而亚马逊公司则是用两个卢森堡公司,把欧洲用户产生的收入全部归集到卢森堡,再利用合伙企业的"合伙企业层面不纳税"规则把税收"藏"起来。此类方法主要是针对跨国企业原有的税收规则来设计的,即使企业的收入来源地与常设机构地不同,也只向该企业的常设机构征税。在这种情况下,如果亚马逊没有在英国设立常设机构,其来自英国市场的收入就不需要向英国缴税。据欧盟委员会估计,跨国公司的避税行为会使欧盟成员国每年损失500亿~700亿欧元的财政收入。

2013年7月,经济合作和发展组织(OECD)发布《BEPS行动计划》,首次提出"应对数字经济的税收挑战"的课题,并推动各国加强方案研究。2017年9月,欧盟委员会发布《建设欧盟单一数字市场公平高效的税收体制》,提出建设稳定的现代化数字经济。2018年3月,欧盟出台针对数字经济的公开征税提案,围绕欧盟市场数字经济发展现状,提出两套解决方案。然而欧盟内部出现严重分歧,英、法等经济体量较大的国家普遍予以支持,但国土面积较小的成员国多数持反对意见。最终,经过近一年磋商,欧盟于2019年3月宣布暂不在全欧盟范围内推行数字税计划。

欧盟提案获批失败后,法国决定单边开征数字税。2019年3月,法国在借鉴欧盟方案主体框架的基础上提出法案,拟针对大型跨国数字企业征收3%的数字税。该法案于4月8日由法国国民议会通过,7月获参议院批准施行。

在法国数字税征税标准下,谷歌、苹果、脸书、亚马逊四家美国互联网公司首当其冲,从而引发美国政府强烈不满并发出贸易报复威胁。2019年7月10日,美国贸易代表办公室宣布启动301条款对法国数字税发起调查,并公布具体调查程序和时间安排。在法国公布并实施法案后,美国总统特朗普于7月26日提出对法国数字税采取对等报复措施,并暗示对法国葡萄酒加征关税。

2019年8月26日,法国总统马克龙表示,美法两国在西方七国首脑会议(G7峰会)上就数字税问题达成一致,同意在经济合作和发展组织(OECD)框架下解决问题。10月9日OECD公布一份提议大纲,希望根据数字巨头和其他全球运营企业在各国的销售情况制定税收规则,但目前OECD对数字税仍处于评估研究阶段,尚未出台一套完整的征收数字税的方案。

近年来,英国、法国、意大利、奥地利、土耳其、印度、马来西亚等国家已相继宣布各自的"数字税"征收方案,税率从2%到7.5%不等。可以预见,蕴含着巨大潜力的数字经济与国家税收之间的博弈战还会继续下去。

国家	生效日期	税率	征税范围说明
英国	2020年4月	2%	全球数字服务年营业额5亿英镑以上、在英国至少2500万英镑的大型盈利科技企业
法国	2019年1月	3%	全球数字服务营收不低于7.5亿欧元(约合8.47亿美元),以及其中至少2500万欧元来自法国的企业
奥地利	2020年1月	5%	全球数字业务年销售额超过7.5亿欧元、在奥地利年营收达到1000万欧元的企业
意大利	2020年1月	3%	全球数字服务年营业额超过7.5亿欧元、在意大利年营业额不少于550万欧元的企业
土耳其	2020年3月	7.5%	针对从事网络广告、数字内容销售以及与在线活动(包括平台)相关的中介服务收入,适用于全球收入在7.5亿欧元以上的企业
印度	2020年4月	2%	针对在本地年销售额超过2000万卢比的外国公司,按照企业在印数字服务销售额征税
马来西亚	2020年1月	6%	对外国数享服务供应商征收数字税,适用于跨境B2C和B2B数字服务

截至4月10日,部分代表性国家的数字税推进现状
(根据公开资料整理)

……

【案例评析】

谷河传媒布谷岛公众号文章《英国强推"数字税"引争议,中国未来是否会开征?》是一篇深度报道,标题采用的是疑问式标题,设置悬念"中国未来是够会开征数字税",引起读者阅读兴趣。文章开头通过摆新闻事实的形式,告诉读者英国政府开始向本国的大型科技公司征收2%的数字税的事实,迅速进入主题,从新闻事实引出后面的评论。同时采用小标题式的形式提示读者下个新闻段的主要内容,小标题并列结构,更为清晰地呈现信息。在文中使用了图片、数字图表的方式对新闻内容进行补充说明,减缓用户阅读的疲劳感,尤其是在长篇的新闻评论自媒体文章中,更应该采用图片、视频、音频等多种元素相结合,使文章媒介

形式多元化,使读者充满阅读兴趣,能耐心往下阅读。案例还注重文章的分享,只要点击链接便能在其他社交媒体平台进行分享,增加文章的阅读量和传播范围。因此,在自媒体公众号文章中,尤其是长篇的新闻报道或者新闻评论中,要注意使用小标题并列结构,提示读者每部分的阅读内容;要注意使用图片、音视频等多种元素,勾起读者的阅读兴趣。

三、实训任务

（一）实训项目名称

自媒体新闻写作。

（二）实训目的与要求

1. 掌握微信、微博、公号等自媒体写作方法和技巧。
2. 能独立制作和完成一篇微信、微博、公众号等自媒体写作,并进行分享。

（三）实训内容

根据新闻选题写一篇微信、微博或者自媒体公众号文章,并对文章进行推广分享。

（四）实训方法与步骤

1. 寻找新闻报道选题。
2. 根据选题进行选题资料搜集和写作。
3. 对自己所写的文章进行分享推广。

第三部分　融合新闻编辑

项目一　融合报道的策划

一、基础理论

新闻报道策划是新闻编辑通过对新闻资源的开发与配置,实现最佳传播效果的创造性活动。新闻报道策划是新闻产品生产过程中的核心环节,主要包括选题决策、报道方案设计、在报道实施过程中接收信息反馈并对报道方案作出调整等内容。

（一）新闻线索管理

发现新闻线索是产生报道选题的前提。编辑和记者每天都会获得大量的新闻线索,途径包括记者采访中发现,读者来信来电来访中提供,报社的上级领导或社会其他部门提供,编辑在其他媒介的报道中发现,编辑在微博、微信等各类社交网络平台上发现,运用大数据和算法发现等。在现实工作中,新闻编辑通过微博、微信等社交网络平台获取报道线索和新闻资料的做法今天已经非常普遍,通过舆情分析和网上热点发现报道选题也显得更加重要。

（二）新闻价值分析

新闻价值是选择和衡量新闻事实的客观标准,是事实本身所具有的能满足社会需求的特殊素质的总和。客观事实能否成为新闻事实,关键看其是否具备以下新闻价值属性——时新性、接近性、显著性、重要性、趣味性。事实所具备的新闻价值属性越多,就越能满足用户的信息需求,其新闻价值就越大。

融媒时代新闻价值属性的内涵有了延展,发生了很大的变化,我们应该正确认识新闻价值在互联网这个生态系统里的变化,这是做好融合新闻报道的重要前提和基础。

首先,时新性在融媒时代得到了极致化发展,其内涵正向着实时性甚至即时性方向转变。互联网使得新闻播报周期大大缩短,融合新闻的采制对时新性的要求远远高于传统新闻的采制。

其次,重要性既有公众整体层面的考量,即考虑事实在最大范围内的影响力,对国计民生的影响越大,事实就越重要;又有个体层面差异的关照,个体用户对于重要性的把握是不一致的,融媒时代的重要性更强调对用户微观层面需求的关注。重要性与接近性的联系是很密切的,事实只有与特定用户在地域上接近、心理上接近、利益上接近、年龄上接近以及兴趣爱好上接近等,对个体用户来说才是重要的。

再次,显著性在融媒时代仍然重要。事实中的人物、地点甚至事实本身是否知名和显要依然是判断其显著性的重要依据。与此同时,用户关注度已经成为衡量显著性的有力工具,从页面点击量、跟帖评论数、点赞数量、分享数量等标示用户关注度的量化指标,编辑可以精确地判断事实的显著性。

最后,趣味性被高度重视。这种变化的根源在于用户需求的改变,对趣味性的侧重是媒体对用户需求变化作出的准确把握和及时调整。用户对趣味性的追求是没有止境的,用户本身也在不断创造趣味价值,这从各网络平台上的公民新闻可见一斑。用户在网络上自主发布的、凝聚民间智慧与想象力的公民新闻,其趣味性往往远超职业新闻工作者的想象,也为编辑充分认识趣味性这一价值提供了案例来源。

(三)报道选题决策

选题决策是新闻报道策划的重要内容之一,也是报道策划运行的第一步。面对每时每刻都在发展变化的客观事实,媒介着重报道什么,从什么角度展开报道,首先需要分析、判断与选择,也就是选题决策。

所有媒介的新闻传播活动都是由传播者、传播内容和用户这三方面要素构成的,任何一种传播媒介在进行新闻报道时,都要受制于传播者自身的特点与条件、新闻事实客观存在的状态、以及用户的信息需求。

所以,所有报道的选题决策也必然是基于对以上三者平衡的考虑。

首先,传播主体自身的特点与条件,既要看传播主体是否具有展开报道的外部条件,比如在媒介所处的社会环境中,法律、政策、社会道德观念及文化传统是否允许报道这样的新闻事实,又要看主体自己是否具备进行这一报道的内在条件,比如是否具备采集该新闻信息的资金、技术设备和人力资源,是否有相适宜的采编运行机制与管理水平等。

其次,客观事实的新闻价值是选题的重要标准。新闻价值既取决于事实本身,又取决于事实与用户的关系。新闻编辑在进行报道选题决策时,在分析和判断客观事实新闻价值的同时,也要考虑所在媒体机构特点、采编部门特点及其"价值偏好"。

最后,用户的信息需求也是报道选题决策的重要依据。编辑要以自己所在媒介的用户作为参照系,要根据用户的需要进行选择和设计,决定报道什么、如何报道。融媒时代的媒体机构更要根据用户需求的差异性,寻找最合适的新闻报道选题与报道角度。当然,选题决策不可能也不应该完全被用户需求牵着鼻子走,在面向用户、服务于用户的同时也要以正确的观点、立场和态度引导用户,而不是无条件地满足用户的一切需要。

(四)融合形态策划

融合新闻以不同媒介形态的融合为标志,将文字、音视频、图片、动漫、H5、动图、VR、AI以及互动设置等融为一体,这些媒介元素或媒介形式各有所长,具有不可替代的独特价值。融合新闻综合运用这些媒介元素或媒介形式,充分发挥其长处,有利于提高用户获取信息的效率、提升用户体验。

文字作为一种高效的信息传播工具,其与图片、视频等视觉元素有机结合,可以帮助用户更为便捷地对其他视觉元素达成清晰、准确、统一的理解。

图片元素主要包括新闻照片和新闻图表等,能够直观形象地展示新闻信息,增强新闻的真实感和可信性,让新闻变得容易理解和有趣。

音频具有表情功能,能通过不同的音量、音色、语速、语调和节奏来传达不同的情感。音频在报道突发性新闻、现场直播等方面具有独特优势,容易使人产生在场感觉。音频具备的兼容性和伴随性等特点给了音频更多融合的可能性。

视频最大的优势是形象,在所有媒介元素中视频最容易被看懂。视频也是一种具有超强融合能力的媒介元素,能够将文字、图片、音频等媒介元素全部融入其中,使成为一个有机整体。

针对既定的新闻选题和内容,融合形态策划的首要问题,就是选择最优化的媒介元素或媒介形式,来作为融合新闻叙事的承载方式,让具备不同优势的媒介元素有机融合,更好地协同呈现新闻,让用户能更高效地接收相关新闻信息。

二、典型案例

广西日报融媒体报道《柳州融水突围记》案例分析①【节选】

【案例链接】

《柳州融水突围记》

【案例简介】

2017 年 8 月,广西北部迎局地强降雨过程,柳州融水杆洞乡突发 2 次山洪,全乡群众被困多日,成为通信、水、电中断的"孤岛"。广西日报记者第一时间赶赴灾区一线,因灾情恶化一度"失联"数十小时,在风雨中用手机记录下了当地乡镇干部组织营救、自救的珍贵视频画面。不惜冒生命危险穿越 40 处塌方,经历两次突围送出用生命拍摄的新闻视频,第一时间让外界知晓灾区情况。广西日报紧急成立融媒体专项报道组,通过综合相关事件背景信息,融合图文音视等素材,运用网络语言将短视频精心编排成为一篇记者突围险境的冒险新闻故事。

---

① 资料来源:广西日报微信,2017-08-14原文链接:https://mp.weixin.qq.com/s/5SOEG-Ammhy2M1o_kdkDiQ.

【作品展示】

1. 手机剪辑短视频

视频一《苗山村民勇救15名被洪水围困的外地游客，场面惊险感人！》（附视频字幕）

8月13日凌晨，杆洞再降暴雨，杆洞街再次一片汪洋。

记者：大家好，照哥在杆洞，今天又来了一场大雨，比昨天的雨还大。雨是从早上（凌晨）的3时44分开始下的。

杆洞乡党委书记梁文锋带领党员干部组织群众撤离。

梁文锋：我们干部这两天全部没有休息，所有人都在这里（工作）。

乡干部一：上楼去，不要在这里，一会水就涨上来了。这个洪水不知道会涨多高。

乡干部二：你们不要在那里看了，该撤离的快撤离吧，顺便喊在楼上的快撤离了不要再看（洪水）了。

记者：照哥现在是在杆洞街，今早大水再次涨起，我们的乡干部正在指挥、组织群众撤离。洪水涨势非常快，乡干部非常焦急，一直在呼唤让群众撤离到安全地带。

15名外地游客被困河边旅社，村里的民兵和退伍军人开始抢险。

记者：（民兵和退伍军人用）充满气的车胎，他们正在去那个楼上救人，非常感人。

乡长杨志新喊话劝河边旅社的15名游客撤离。

杨志新：你们慢慢（下来），注意安全，一个个撤离。

杆洞村退伍军人吴利铁多次跳入洪水帮助游客撤离。

记者：现在我们出去（救人）的吴利铁是退伍军人，他一直在抗洪一线，我一直看着他在救人。现在先撤离出来的是一个小孩，终于从对面（河边旅社）的楼房里撤离出来。

杨志新：注意拉绳子！注意拉绳子！

记者：（乡干部在）抢救被困群众。

梁文锋：对面楼上的马上撤下来！可以看见（河边旅社）房子后面的河流波涛汹涌，村里的干部正在组织人员撤离楼房里的人。

上午9：40，所有被困群众全部安全撤离。

视频二《照哥灾区行：杆洞突围》（附视频字幕）

记者：我们已经被堵在这里，现在要想办法赶到滚贝乡发稿。所有的通讯已经中断，我们在回滚贝乡的路上（碰到），前方探险回来的抢险队员，（他们）告诉我说（前方）有十多处的塌方。要疏通这十多处的塌方，我们的抢险队员任务非常重。

杆洞乡副乡长阳宗议一线指挥抢通行。

杆洞乡副乡长阳宗议：很多钩机困在河道里面没有办法过来。因为现在没有信号、没有手机（通讯），很多（抢通）资源没有办法联系上。

记者：这是我们一路过来的第六处塌方了，这处塌方量比较大，而且不断有水往下冲，施工难度比较大。

记者：这是第七处塌方点，这处塌方点在一座大雨形成的瀑布下面的悬崖下。

九小时突破16处塌方，只行驶6千米。

记者：这是第九个塌方点，基本清理结束，我们要往前赶了。

天黑,被迫返回乡政府。突围失败。

14日凌晨1点,记者通过海事卫星电话向报社领导报平安。

记者:我是柳州站站长谌贻照。我现在在融水苗族自治县最远的杆洞乡,这里灾情非常严重,我们已经失联一天多了。现在我们是用外面拿来的海事卫星电话向领导汇报平安的。我们都好,(但)乡里已经和外面失联形成孤岛。

第二天一早,照哥在乡干部护送下,徒步穿越24个塌方点。

记者:第三十个塌方,体量很大很大,就像翻越一座山一样,地下的泥很深,我们在小心地往前挪。下面是咆哮的河流,所以要小心翼翼地往前走,我不敢靠边,希望尽快地通过这里。

上午9:45,记者顺利突围!

记者:第四十个塌方,我们终于看到前方有挖掘机在接应,他们正在努力往前掘进,我们终于看到希望了。

视频三《广西新闻动车》(附视频字幕)

……

【案例评析】

融合新闻的报道策划从发现新闻线索、新闻价值分析到选题决策、融合形态策划总共分为四个环节。面对本次柳州融水县杆洞乡突发的暴雨灾情,广西日报需要在时间非常紧迫、环境极其恶劣的情况下,进行决策和组织报道,既要尊重新闻规律满足用户需求,又要考虑政治因素正确引导社会舆论,难度不小。

(1)接获线索,迅速反应。2017年8月12日清晨,广西融水苗族自治县杆洞乡突发特大洪水。记者看到了山里苗族群众在微信朋友圈发的视频,立刻从柳州驱车8个多小时,翻山越岭赶到了灾区现场,发现灾情比想象的更加严重。当晚 19∶30,记者发回当地干部群众抢险自救的图文后,乡里电力和通讯中断,从此与外界失去联系。

（2）敏锐洞察,清晰判断。要在新闻现场把握好采访报道的主题,履行好专业责任和对百姓的担当,作为党的新闻工作者应有对新闻事实和民情民意的敏锐洞察力和清晰判断力,才能在突发事件前不走错方向,挖错素材。

13 日晚上第一次突围失败后,记者在灾区村民家中辗转采访,经过察言观色和座谈发现:受灾群众跟外面失联后,焦虑的心态正在弥漫和扩散。记者曾在 1996 年柳州特大洪灾中几天几夜冲在一线做抗洪报道,深知在灾难降临时,上级党委和政府的关怀和外界的驰援,对稳定民心、提振灾区干部群众抗灾和重建家园士气极其重要。基于现场的观察了解和判断,记者决定次日一早再次突围。终于成功将灾区的重大灾情传递给已在山外正在打通险隘往山里突进的国家防总和市县领导,同时建议尽快派救援突击队员运送食品和药物进入灾区,往山外运送伤员,稳定受灾群众情绪。

因灾情恶化一度“失联”数十小时的记者,在题材的把握上始终坚持两个基点:1.不渲染、不误报灾情,做实现场采访和事实数据的求证;2.记录当地乡干部组织营救、自救的珍贵视频画面,回应社会关注焦点和可能出现的谣传,呈现基层党员干部把人民群众生命放在第一位、勇敢跑在灾情第一线,有组织、有纪律、有担当、有作为的优良品格。

（3）前方突围,后方联动。在前方记者失联的数十小时里,广西日报后方的新媒体团队形成高效运作的融媒体报道机制:在广西云客户端、广西日报法人微博开设《关注广西暴雨洪水灾情——照哥一线直击报道》专题直播,全方位追踪灾区雨情灾情,兼顾报道时效和内容策划。广西日报微信专做“精品”,微信组整合全天资讯亮点,综合各路素材信息,精做成“爆款”融媒体作品多平台推送。

一线记者穿越 40 处塌方点,成功突围后,第一时间整理突围时沿途所有拍摄采访的视频和图片,迅速发回给正在焦急等待的广西日报新媒体部团队。新媒体团队迅速消化素材信息,同时梳理整合天气、民政、救援等各种素材,推送出《柳州融水突围记》,把失联 30 多个小时的杆洞灾情和现场新闻传递给外界。

报道一经发布便引发强烈反响和关注,由于灾情及时准确的传递,搭建起杆洞灾区与外界沟通桥梁,大大加快了救援进度。该篇报道覆盖微信、客户端和微博等平台数百万网友,成为新华网等央媒及柳州日报等地方媒体对暴雨灾情的权威来源,获大量转载。

在融合形态上,《柳州融水突围记》采用了丰富的表现手段,报道用三段视频串起,第一段是13日拍摄的灾区画面,3分29秒,展示山洪进街实况,以及当地干部群众成功救出15名被困游客的经过;第二段视频2分50秒,展示记者突围沿途所见塌方情况,以及抢险人员运送伤员所遇到的障碍;第三段是广西日报视频栏目《广西号·新闻动车》,2分42秒,综合网上及媒体发布的相关灾情视频。视频传播了真实、最新的画面和声音,让人如临其境。穿插在三个短视频中的,是记者通过文字描述的灾区情况、相关数据以及10余张现场图片。整条新闻共采用照片20张、微信截屏4个、表情包2个、动图2个,这些多媒体手段多维度传递信息,烘托现场气氛,强化了传播效果。报道最后链接全区各地的雨情水情,最新数据的图表,扩大了报道面,增加了信息量。

在情况瞬息万变的突发现场,轻装上阵现场制作乃融媒体决胜之道。受限于灾区自然条件和恶劣环境,记者所带的专业摄影器材根本无法使用,有防水功能的手机成了最好的采访工具。记者这次一线采访传回的视频和图片,全部都是用手机拍摄和现场制作的。这也是新闻媒体向外传播失联灾区最全面最有现场感的新闻,充分体现了融媒体时代,移动传播最快捷最及时成本最低的传播优势。

中国人民大学教授宋建武点评指出,新闻类短视频的五大特征"新、短、快、实、美"在《柳州融水突围记》作品中得到了充分的体现。"视频中没有精美的画面,没有炫目的制作技巧,没有字正腔圆的播音语言,甚至由于自然条件和环境限制,画面都不能保证基本的平稳。虽然画面出现一定的抖动和模糊,但却不妨碍它成为对新闻现场最真实的记录、最生动的表达。"

在本次突发性灾难报道中,广西日报不但反应迅速、介入及时,还形成高效运作的融媒体报道机制,联动报网微端全方位追踪灾区雨情灾情,是移动新媒体时代较好兼顾时效和内容策划的经典新闻案例。

三、实训任务

（一）实训项目名称

融合报道策划。

（二）实训目的与要求

通过融合报道策划实训,帮助学生理解和掌握本项目中关于融合报道新闻价值分析、选题决策、媒介形态策划的方法和原则。要求学生在策划过程中,综合考虑传播者自身的特点与条件、新闻事实客观存在的状态、以及用户的信息需求,策划方案要具备可行性。

（三）实训内容

现实生活中以及社交网络平台上有很多热点,包括可预见的、有重大社会影响力的活动和事件,非可预见的、有重大社会影响力的突发性事件。选择一家你熟悉的新闻媒体,从当前的热点话题中确定一个选题进行融合报道决策,写出策划方案。

（四）实训方法与步骤

步骤一:媒体调查与分析。通过调查获取所选定新闻媒体的基本信息,通过分析该新闻媒体在特定时期报道或某重大新闻报道的做法和特点,了解其媒介定位和编辑方针,包括其目标用户的信息需求特点。根据调查结果形成媒体分析报告。

步骤二:报道选题决策。针对确定的热点话题进行新闻价值分析,根据选定媒体的特点和目标用户的信息需求确定报道主题、报道的内容与角度等。

步骤三:媒介形态策划。根据前面确定好的报道主题与内容,提前设计好适应内容的媒介元素及其组合。把报道选题决策和媒介形态策划两部分的结果形成报道策划方案。

项目二　新闻稿件的编审

一、基础理论

在新闻稿件的编审环节,新闻编辑既要对大量从各个渠道获得的稿件进行选择取舍和修改,也要根据记者的新闻采集方式和多样化的稿件形态,采用相对应的新技术和新方法进行后期编辑制作。

融合新闻的稿件编审,不再只是在新闻编辑部内部封闭式进行,还会利用各类社交媒体在互联网平台上与公众进行持续的交流与互动,通过主动设计和制作互动式新闻或新闻互动环节,或者通过数据挖掘发现新的线索与内容,以开放性的内容生产模式将用户纳入新闻生产的流程当中,从而提高新闻报道的专业水平和信息服务水平。

（一）稿件筛选

稿件筛选有助于落实新闻媒体的编辑方针,有助于满足用户的信息需求,有助于把新闻稿件控制在合适的媒体容量限制范围之内。新闻稿件筛选的过程分三步:首先是根据新闻价值分析挑选出真正意义上的新闻稿件,然后根据社会效果分析挑选出符合媒体立场与导向的新闻稿件,最后根据稿件对新闻媒体的媒介适宜性分析与挑选出适合表现媒体特色的新闻稿件。新闻价值的分析主要考虑五个方面,时新性、接近性、显著性、重要性、趣味性,具体可参考项目—融合报道策划的新闻价值分析部分。

社会效果分析是新闻编辑进行稿件筛选的第二步。分析新闻稿件的社会效果,必须坚持以下基本原则:新闻报道必须有利于国家和人民的利益,具有推动历史进步和人类和平的积极作用。稿件筛选的操作主要从以下三个方面考虑:一是将新闻稿件的内容及发布新闻的时机与社会背景结合起来考虑,要认真分析用户心理,立足于全局看问题;二是以辩证的眼光看问题,处理新闻稿件时要看到事物的复杂性,凡事进行多方位的思考,保证对新闻传播社会效果的正确预测,以保证新闻报道的公正立场;三是注意新闻稿件的合理、合法,要杜绝有明显危害性质的新闻,不发布具有煽动、造谣、诽谤、侮辱、泄密、传播淫秽、侵犯隐私权等性质的新闻稿件。

媒介适宜性分析是新闻编辑进行稿件筛选的第三步。新闻编辑要对稿件是否适合自己的媒体进行分析,从中挑选出最能体现媒体特色的新闻稿件。主要从以下三方面考虑:一是根据新闻媒介的受众定位与功能定位,分析新闻稿件的媒介适宜性;二是根据同题报道"差异化"的原则,分析新闻稿件的媒介适宜性,主要包括与竞争对手的差异以及与以往同一主题报道的差异,在这样一种纵向与横向的比较中,判断稿件"这一次"的媒介适宜性;三是根据媒体的性质与容量,从把握重点与平衡的角度分析新闻稿件的媒介适宜性。

(二)用户参与

"融合报道"是一种崭新的新闻生产新模式。这个新模式除了在新闻生产的组织形式、生产机制、流通渠道和效益评估等方面体现之外,更重要的是内容生产上的用户生产(UGC)和专业生产(PGC)相结合的整合式新闻生产新模式。

该模式下的用户不再是单纯的信息消费者,而是变成了新闻生产的重要参与者,成为与新闻工作者具有平等地位的主体创造力量。UGC模式下生成的内容,包括微博、微信等用户自媒体内容,社交网站、网络社区和公共留言板上的个人状态、图片、文章和聊天记录等,都可以成为新闻编辑的稿件内容来源。

社会化媒体在提供时新性信息方面极具优势,新闻事件的当事人或目击者很有可能在第一时间用自媒体发布内容,这就要求新闻编辑必须重视用户作为创造主体的价值,积极借助社会化媒体背后所有用户的力量,学会依靠公民记者来共同完成新闻报道。只有真正将用户融合进内容生产环节,才能确保时新性价值的最大化,才能提供更具竞争力的新闻产品。

媒介融合使新闻编辑对用户的反馈更加容易及时了解和把握,用户的评论或跟帖也已经成为当下新闻内容的有机组成部分。很多新闻编辑都会自觉地运用各类社交网络平台如微博、微信等,去主动捕捉公众对于新闻报道的反应,用户的意见本身就能成为报道内容。而将用户提供的内容纳入新闻报道也是提高报道质量的必要举措。

（三）信息核实

新闻稿件是以客观存在的新闻事实为报道内容的,因此稿件的内容表述必须与客观事实相符合,必须能真实、准确地反映事实。新闻稿件报道新闻事实的基本要求是:真实、准确、科学、清楚、统一。新闻编辑对新闻事实的核实与订正,主要采用分析法、核对法和调查法这三种基本方法。

分析法是新闻编辑通过对稿件所叙述的内容和叙述方法、写作条件等进行逻辑分析,发现其破绽和疑点的一种方法。主要检查新闻内容是否违反常识或不合情理,情节是否过于蹊跷,对事实的表述是否含糊其词;检查稿件的前后内容是否有自相矛盾之处;分析消息来源的可靠性。

核对法是新闻编辑借助有关资料,发现和纠正稿件中的事实差错的改稿方法。为了保证新闻内容的真实性和准确性,编辑在修改稿件时需要针对自己拿不准的问题,找到相关的工具书和参考资料进行核对。采用核对法改稿,对所用的资料有以下三点要求:一是要有权威性。权威性的资料通常是由有关方面的最高机构公开发布的,正确率高,值得信任。二是最新发布的。三是直接的,而非转抄来的。

调查法是新闻编辑针对新闻稿件中有关事实表述中存在的疑点,对当事人或知情者进行调查核实的一种改稿方法。有些新闻稿件,仅仅靠分析法和核对法还不能明确判断是否真实、准确地反映了客观事实。编辑就要在时间容许的情况下,针对报道中的疑点进一步进行调查。有几类稿件特别要注意调查:一是特别重要的新闻,二是批评性新闻,三是新作者的稿件,四是容易失实的作者的来稿,五是搁置了一段时间的稿件。

社交媒体上用户发布的信息已经成为职业媒体机构编辑获取信息的主要来源。普通用户发布的信息,从新闻操作的客观、规范等角度来看往往不如职业新闻工作者,不能完全保证其内容的真实性、原创性和逻辑性,也需要新闻编辑对其进行核实与把关,以保证信息质量。

（四）信息整合

来自不同渠道的信息需要通过编辑的梳理与整合才能成为可供传播的新闻产品。超链接技术为融合新闻报道的信息整合提供了技术支撑,将新闻报道变成立体的、多层面的呈现形式。融合报道的信息整合方式主要有两种:单元式整合与专题式整合。

新闻报道单元往往表现为以一篇特定稿件为主干,辅以少量相关稿件承担补充、深化报道的作用。报道单元可以由纯文字稿件组成,也可以由多媒体稿件组成。要求编辑在记者采集的素材之外,密切关注互联网平台上其他信息源,大力发掘与本次报道相关的文字、图片、视频、音频等内容,依据新闻材料的关联性,实施合乎逻辑的新闻信息整合,将相关资源进行合理的配置。

新闻专题是指围绕某个特定的重大新闻事件对众多媒体资源加以整合的新闻呈现形式。专题融合将大容量的相关新闻资源集纳在一起,通过再加工再创造使之秩序化和条理化,以更加清晰的脉络呈现新闻信息。新闻专题是具有网络特色的深度报道形式,能对主题新闻在时间和空间上进行扩展,通过对主体新闻的生成背景、波及影响和发展趋势进行全面展示与剖析,以多角度、多侧面地为公众提供接近真相的新闻事实。

二、典型案例

《奥数天才坠落之后》案例分析[1]【节选】

《奥数天才坠落之后》刷爆朋友圈,然而"天才"有话要说……

昨日,某媒体发布的一篇题为《奥数天才坠落之后》的文章,在网上引发起一番热议。

文章中的主角,是曾摘得 IMO(国际数学奥林匹克竞赛)2002 年和 2003 年连续两年的满分金牌,凭借出色的竞赛成绩被保送至北大数学科学学院的付云皓。然而,他却因在大学期间大部分科目"挂科"而无法顺利毕业。

得知无法毕业后,付云皓独自度过了自甘堕落的两年。随后,时任广州大学计算机教育软件研究所所长朱华伟"拯救"了他。后来,付云皓考上了广州大学数学系的硕士研究生和博士研究生,现于广东第二师范学院担任数学老师,似乎淡出了学术界。

《奥数天才坠落之后》附图(资料来源:吴呈杰,《人物》,2018-05-03)

---

[1] 资料来源:吴扬、金祖臻,南方网, 2018-05-04 原文链接: http://kb.southcn. com/ content/2018-05/04/content_181750699.htm?COLLCC=2301314296&.

然而，在上述文章后，这位奥数天才因着网络大潮，又再次进入到公众视线……

今天，付云皓在知乎专栏发表了题为《奥数天才坠落之后——在脚踏实地处，付云皓自白书》的文章，用略带自嘲的语气，表达了其对某媒体所作报道的看法，以及时隔多年"第一次说出"自己的"天才"往事。

"对我进行约 10 个小时的采访在文章中展现出的东西少得可怜，反倒是对我的学校老师、同学的采访以及作者自身的观点占据了绝大多数的篇幅。"在自白书中，付云皓说他并不理解文章中所表现的价值观："该文章的作者笔下传递的观点是：优秀的人从事基础工作，就是一件很可耻的事情。得过 IMO 冠军的人，如果不出意外，他们的征途就一定是高等数学的星辰大海，而不是给一群'二本师范生'教初中数学知识，如果成了付云皓这种去给'二本师范生'讲课的人，那就是天才坠落了。"

"现在的我是一名普通师范院校的教师付云皓。"在文章中，付云皓反复用这句话介绍自己的目前状态。

我就是那个「奥数天才」付云皓，谢谢大家，但我并没有坠落

图片 Public Domain

奥数天才坠落之后——在脚踏实地处付云皓自白书

付云皓，MO人员，数学

昨天，我的朋友圈被《人物》杂志社实习记者吴呈杰同学对我的专访刷屏了。专访文章（《奥数天才坠落之后》）一出，有人怒骂，有人惋惜，有人气

《奥数天才坠落之后——在脚踏实地处,付云皓自白书》截图(资料来源:付云皓,知乎,2018-05-04)

学术和教育方向没有关系

文章一出,有人怒骂,有人惋惜,有人气愤,也有人"伤仲永"。但是付云皓并没有觉得自己在陨落,或者是已经陨落。他认为如果从世俗意义上的成功来衡量,他和很多本科时期同在北大的同学确实有不少差距,但是现在的他,正踩在基础教育的路上,在广东第二师范学院这所以培养中小学老师为目标的学校。

"我们一届算 100 个师范生(实际上一百多人),80 个去中小学,每个学生平均带 10 届学生,每届算两个班 60 人。若真能帮助这些师范生提升能力,那一年的教学里能间接帮助多少小孩子呢? 我的理想没有什么星辰大海,没有太多高远的学术理想的宣扬,我只想尽自己的力量,让初等教育越来越专业化,越来越有水平,提高师范生的教学能力让尽量多的孩子受到正确的引导。"

"文中有这样一句话'教育方向的硕士也意味着,付云皓可能从此都和学术研究无缘了',似乎暗含着一种专业歧视,教育方向和学术研究是两条平行线,似乎优秀的研究者都不能从教师中产生,当了教师就没办法做研究了? 我想国内外大部分学术大奖得主可能会表示很遗憾,因为他们推动了自己所在领域的学术进步,同时他们也是被作者和学术隔离了的这个群体——老师。"

……

【案例评析】

5月3日,《人物》杂志刊发了作者为吴呈杰的《奥数天才坠落之后》,在网上引发起一番热议,随后,故事主角付云皓发文《在脚踏实地处,付云皓自白书》反驳,称事实不符并质疑了作者的预设立场,在网上再次掀起一波讨论。

从这篇报道受到的广泛关注看,报道的选题确实切中了社会公众的关切,故事背后有关公共教育、奥数和人才培育的问题有着足够的公共性。但稿件发布后,从当事人付云皓到很多其他网友对报道都有话要说,说明稿件的立场和价值导向存在问题。

新闻编辑在稿件筛选过程中需要进行社会效果分析,需要将稿件的内容和新闻发布的时机与社会背景结合起来考虑,要认真分析用户心理,要看到事物的复杂性,凡事进行多方位的思考,保证对新闻传播社会效果的正确预测。

《人物》公众号上这篇文章后面的网友评论,有对付云皓表示惋惜的,也有对极端教育体制表达愤怒的,有对付云皓表示体谅的,也有对付云皓表示理解的,还有对人生、成长和教育进行反思的,不一而足。网友在同一个新闻事件上的互动反馈体现了当前社会价值观的多元化。在这里作者和当事人孰是孰非已经不是问题的关键,重要的是作者的预设立场与社会公众的理解有了较大反差,媒体没能正确预判新闻的社会效果,引来热议。

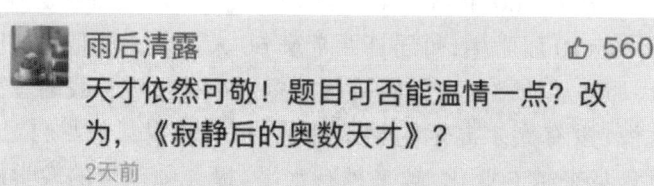

雨后清露　　👍 560
天才依然可敬！题目可否能温情一点？改为,《寂静后的奥数天才》？
2天前

文章底部评论区一位读者留言,建议标题温情一点,可改为《寂静后的奥数天才》。这也代表了一部分网友对于"坠落"一词的想法,也从另一面反映了该篇报道存在的问题。作为新媒体平台上的新闻产品,评论区展示的是精选的评论,是新闻内容的有机组成部分,是新闻编辑将用户生成内容纳入新闻报道中的主要举措,那些表示不认可的网友的声音也可看作是媒体对原报道的反思与补救。

三、实训任务

（一）实训项目名称

新闻稿件的编审。

（二）实训目的与要求

通过稿件编审实训,帮助学生掌握稿件筛选的方法和原则;掌握整合式的新闻生产新模式;掌握信息核实的基本方法;掌握基本的信息整合方式。要求学生注意将用户纳入新闻的生产流程当中,注意信息采集中的伦理规范,能够制作基本的新闻专题。

（三）实训内容

根据项目一制定的报道策划方案,通过不同渠道组织稿件和搜集相关信息,并做出筛选;对其中的新闻事实和信息进行核实与订正;梳理整合来自不同渠道的信息,制作新闻专题。

（四）实训方法与步骤

步骤一:分组。5个人一组,确定小组负责人(主编)和其他成员的分工。

步骤二:稿件筛选与信息搜集。根据项目一确定的报道选题进行多渠道信息采集,可以从已经采写的稿件或相关媒体的报道中选择合适的稿件,也可以自行采写后再行筛选,还可以到社交网络平台搜集用户生成的相关内容。

步骤三:信息核实。运用信息核实的基本方法,对筛选出来的稿件和事实信息进行核实与订正。

步骤四:专题制作。对搜集的信息资源进行合理配置,根据拟发布平台的特点做好内容的编排。利用超链接把所有的素材信息整合为一个网状的、立体的、多层面的专题报道。

项目三 融合新闻的发布

一、基础理论

融合新闻的发布,新闻编辑可以使用多种媒体形态和信息终端去到达用户,目前最为常见的是移动新闻客户端、微信公众号和官方微博等多种渠道。多渠道发布不仅提升了新闻传播的速度,还扩大了新闻资讯的覆盖人群,更通过新闻订阅提升了传播的精确度。需要注意的是,新闻内容的发布需结合各平台自身的技术特点和传播特性,以实现资源的合理利用。

社交媒体赋予了普通用户参与新闻生产与传播的权利,越来越多的新闻正在职业"新闻把关人"的控制范围之外广泛传播,新闻编辑面临着角色的重新定位。一是要成为社会公众的对话者和公共论坛的"主持人"。二是承担起对公众普遍关注的新闻话题进行引导、解释与评析的任务,实现对社会舆论的引导,做新闻话题的"引导者"。为此,新闻编辑在传统编辑流程之外,要充分利用各类社交媒体与公众进行交流,加强与用户的互动,做好新传播语境下的互动管理。

(一)渠道融合

融合新闻实践的最高境界或终极目标是:打造一个整体性、系统性的融合新闻生态,包括产品维度的多媒融合、传播维度的渠道融合,以及运营维度的产销融合。渠道融合回应的是融合新闻发布的渠道整合与对话问题。

渠道融合指的是同一新闻议题在不同渠道的智能发布,打造全媒体传播矩阵,不同渠道协同作战。新闻编辑需要将从属于同一媒体的不同发布渠道看作相互联系的整体,根据新闻传播的特点和规律、根据各个渠道的传播特点和技术优势,以及不同用户群体的消费方式和接受偏好,设计新闻内容在这些渠道上的合理分配,包括报道的选题、角度、新闻信息量、发布时间和频率、新闻表现形式等,不同渠道应该具有差异性和互补性,注意内容分配与不同渠道的用户需求相吻合。

（二）互动管理

互动管理是指信息传播者、平台运营者对信息接收者参与信息传播的全方位管理，其目标在于充分吸引调动用户参与信息的流动、传播。新传播语境下的互动管理以用户为中心，传统的传受关系被彻底打破重塑，编辑在此过程中主要起到与用户互动、信息过滤与审核的作用。媒体机构必须依靠用户的社交和互动力量，才能更有效率地传播新闻信息。

新闻参与互动，体现为内容的生产互动和内容的消费互动两种模式。专业新闻生产机构在不同互动模式里的角色不尽相同，在用户参与内容生产时是新闻的整合者、运营者；在用户参与内容传播时是新闻的生产者，此时新闻编辑角色的意义在于把传播变成知识性的、趣味性的、社交性的活动和过程，最大限度调动用户参与其中。

新闻订阅互动，是通过形成用户对新闻产品的黏性、对新闻品牌的认可，从而提高新闻传播效果的有效途径。新闻编辑要按照用户信息关注类别和信息接收习惯去实施深度订制和针对性订阅，这也是集中用户资源、培育新闻品牌的重要路径。媒体机构可以通过打造用户资源集中的新闻品牌来提升自身的竞争力和社会影响力，从而更好地履行公共论坛"主持人"以及新闻话题"引导者"的职责。

新闻调查互动，可以针对新闻内容生产，可以针对用户关于新闻事件所持态度，可以针对新闻传播效果，也可以针对用户行为模式。当前，媒体更倾向于采用网上投票、调查问卷的形式进行调查互动。将调查作为互动的一种方式，可以使媒体对自身以及用户的认识更全面，更具系统性和整体性，并依此在定位、策划、传播等环节做出调整。

新闻分享互动，指的是用户与用户之间的沟通、交流活动。新闻分享的互动管理，旨在激发用户的分享欲望，需要新闻编辑回到新闻生产、编排、传播策略上去。对于信息的传达，只有把用户欲知和须知的信息以清晰且有吸引力的方式呈现，才容易被用户转发。精品内容和适合平台特性的编排对于树立媒体品牌吸引力有着重要的作用。多媒体整合、多渠道分发的传播形式和策略，既要关注不同媒介形态的平台适应性，也要重视不同渠道间的相互配合与相互推广，打造跨媒体传播矩阵，以提升媒体引导新闻话题的能力。

二、典型案例

【案例1】

新京报拆解新发地系列疫情报道案例分析[①]

一图看懂 | 新发地到底有多大多复杂?

日前,中共中央政治局委员、国务院副总理孙春兰在国务院联防联控机制会议上强调:此次聚集性疫情与新发地农产品批发市场高度关联,市场人员密集、流动性大,疫情扩散的风险很高。这也是为何新发地会成为本次聚集性疫情的焦点。

新京报贝壳财经记者为你拆解"新发地",这个影响大半个北京的农贸市场有多大多复杂?

[①]　资料来源:任娇、梁缘、任婉晴、阎侠,新京报客户端,2020-06-27 原文链接:https://m.bjnews.com.cn/detail/159323301915535.html

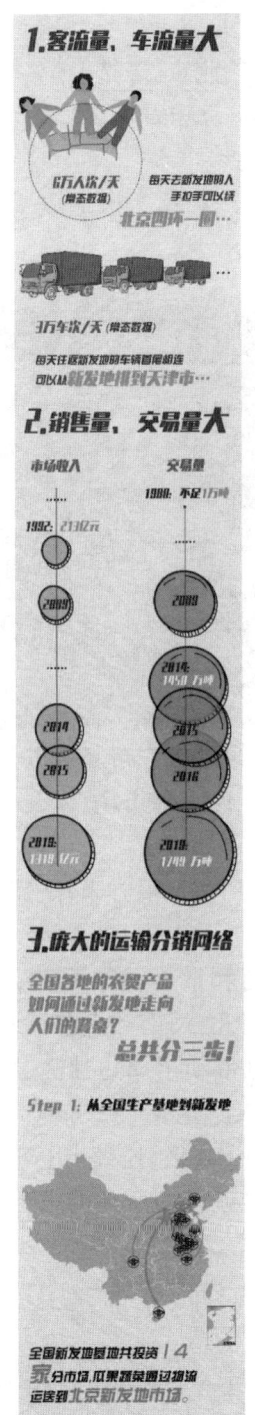

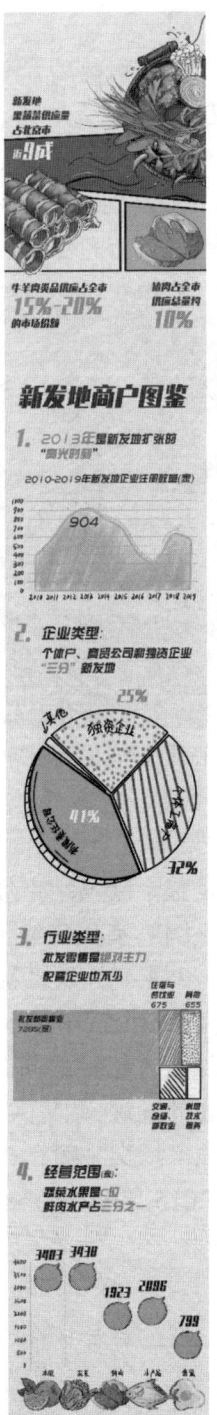

【案例2】

疫情前后,"新发地"如何影响北京(节选)[①]

"新发地"是什么地方,病毒出现在这里意味着什么?

占地超 110 万平的超级市场

这是一个占地约 9 万平方米的水产市场,这个区域以大宗批发为主,兼顾零售,所以价格相较于超市能便宜不少。

在它东北方向的是农产品市场,面积约是水产市场的 5 倍。此外,还有水果、蔬菜、牛羊肉、花卉等多个市场,仅水果市场,就又分了西瓜、草莓、百香果等多个专门的交易区。

这才是**整个新发地市场,它占地超过 110 万平方米,是武汉华南海鲜市场的 21 倍,有固定摊位 2000 个左右**。

通常,凌晨 4 点开始就陆续有批发商和散客前来采购,且在市场500 米外就有一个汽车客运站,接待来自河北、河南和山东等地的客人。

带来巨大人流量的同时,"新发地"也带动了周边社区、物流、旅游观光等产业的发展,聚集人口达到数百万人。

新发地市场交易额在 2019 年达到了 1319 亿,连续十七年位居全国第一。而 2015 年其交易额仅为 606 亿时,就已为所在的丰台区实现税收 1.2 亿元。

---

① 资料来源: 新京报动新闻综合环球网、北京新发地市场官网、一财网等整理报道,2020-06-19 原文链接: https://mp.weixin.qq.com/s/b3E_hg2ovoZjwueq-bUV2w

那是谁在保障"新发地"的每日存货？这些货又将流向何方呢？货品从哪来？到哪去？

"新发地"的蔬菜和水果吞吐量都可以达到日均约 2 万吨。

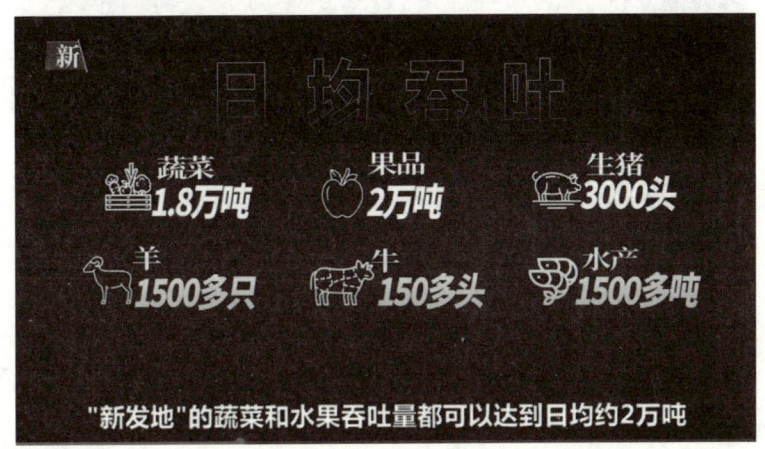

"新发地"的蔬菜和水果吞吐量都可以达到日均约2万吨

据统计,北京 70% 的蔬菜都来自这里,此外,"新发地"还在北京市区内建立了 150 多家便民菜店,300 多辆便民直通车,可送达京城近千个小区。

作为全国交易规模最大的农产品批发市场,它不但满足着北京市场的农产品需求,还会辐射整个北方地区,很多来自内蒙古、东三省、山西等地的批发商都会来此进货。

面对如此大的货品需求,来自北京本地的供应量只能支撑不到 10%,剩下九成来自全国乃至世界各地。

仅河北和山东两地供应的蔬菜,就占了"新发地"蔬菜市场的近四成,广东则是水果市场中供应量最大的省份。

此外,**新发地市场还在全国农产品主产区投资建设了 14 家分市场和 300 多万亩基地**。例如,位于河北高碑店的"新发地"农副产品物流园区,它比北京"新发地"市场还要大 53 万平方米,能够保障北京在恶劣天气下 15 天的农副产品供应量。

巨大的交易量和遍布全国的供货点,让"新发地"成为北方地区乃至全国农产品的价格风向标。但"新发地"的影响仍不止于此,据统计,"新发地"已在菲律宾、越南、泰国等 8 个国家建立了自己的农产品基地,主要产品包括榴莲、香蕉、火龙果、西瓜等。

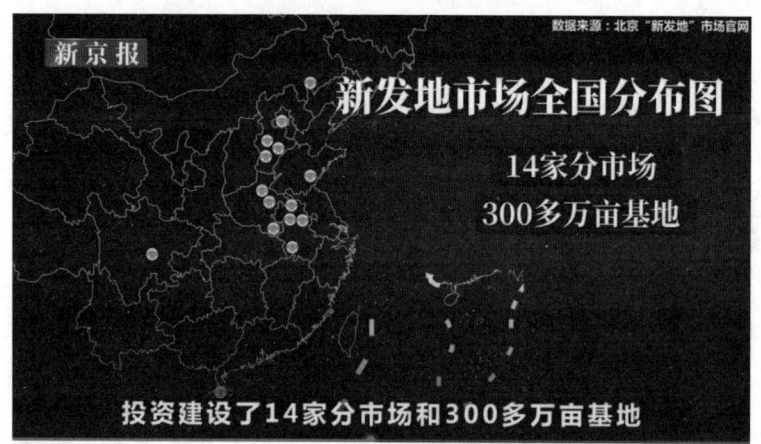

6月12号,北京市新增确诊病例6例,同时在包括那块案板在内的40个市场采集样本中,检测出了新冠病毒。随后,整个"新发地"暂时休市。

"休市"之后

"新发地"最主要供应的是瓜果蔬菜,冻肉和海鲜则更多来自另外两家市场。因此"新发地"的关停对北京地域的蔬菜供应影响较大。

13日召开的疫情防控新闻发布会上显示,"新发地"市场的蔬果将在休市期间移到指定的五个区域。

对于这些临时交易场所,一律免收进场费。同时,"新发地"此前建立的蔬菜直通车也可实现正常运行。

运送牛羊肉的车辆,将分流至距新发地12公里的岳各庄批发市场。该市场为此延长了2小时经营时间,猪肉上市量较从前也翻了倍。

此外,北京多家大型超市及生鲜电商都紧急联系了货源供应点,加大备货,并承诺商品不涨价,如家乐福就提高了2至3倍的日订量来调配货源。

而个体摊贩的情况不太乐观。由于严格的进京审查、离京隔离政策及转场经营面临的设备购置,让很多外地供货商不愿意进京,造成货物紧俏。而且目前公布的指定临时交易场地并不支持个人消费。对于部分个体摊贩来说,如何进货是个问题,也让以摊贩模式为主的菜市场出现部分蔬菜价格上调的现象。

【案例3】

当新发地按下"暂停键"，北京的"菜篮子"该如何保障？（节选）①

新发地，北京交易规模最大的农产品批发市场，负责保障北京近八成的食材供应，被称为北京的"菜篮子"。

6月13日，北京公布了4名新增新冠肺炎确诊病例，其活动轨迹都指向新发地农产品批发市场。

与此同时，新发地市场从业人员及环境中检出新冠病毒核酸阳性。

这不禁让人产生疑问：为什么会是此地？

新发地，北京交易规模最大的农产品批发市场，负责保障北京近八成的食材供应，被称为北京的"菜篮子"。

据流行病学首席专家吴尊友介绍，一般而言，温度越低，病毒存活的时间越长。新发地有许多冷冻储存产品，病毒存活时间长；其次，批发市场人员流动性强，也会造成传染。

对于病毒源头从何而来，是否是生鲜产品携带的？目前尚未确定。

农产品是如何从养殖户、农民手中进入市场，最终到达消费者手里的？其中检验检疫是否达标？新发地的果蔬采购来源都是哪里？

关闭新发地批发市场，市民生鲜果蔬采购又该如何保障？生活会被按下"暂停键"吗？

【案例评析】

新京报在网络上有480多个渠道，覆盖人群2.5亿，日均流量超5亿。新发地疫情爆发后，为了回应社会广泛关切，新京报立即进行了报道策划。

新京报三篇拆解新发地系列疫情报道在发布时间上并不是严格的同时，但都是针对2020年6月11日北京新发地突发疫情，先后在不同渠道上发布的报道，在时间上和内容上都有承接关系。融合新闻报道内容需要根据新媒体的传播渠道特点和用户阅读偏好，对内容进行深层次的融合和重塑。

6月14日，新京报在微信公众号上发布了《当新发地按下"暂停键"，北京的"菜篮子"该如何保障？》的数据新闻，图文方式的深度解读适合微信公众号的特点，尤其是一图看懂的形式能够比较好地回应社会

---

① 资料来源：新京报 | 图个明白，2020-06-14 原文链接：https://mp.weixin.qq.com/s/Uc2sMMI5KrGWyG3qdBeRIg.

关切。但由于时间上较为仓促,信息图表的制作较为粗糙,会影响用户的阅读体验和传播效果。

6月19日发布在新京报动新闻微信公众号的文章《疫情前后,"新发地"如何影响北京?》,既有动新闻的特点,也具备微信公众号文章的形式,用"图文稿件 + 视频内容"的媒介形式,通过疫情前后的对比,讲述了"新发地"是如何影响北京的。其中视频内容是动新闻栏目(渠道)的固有媒介形式,发到新京报动新闻微信公众号上时根据公众号用户的信息接收习惯将动新闻的视频内容做了图文化的设计,配合视频内容,可以满足更多不同阅读偏好的用户的信息需求。

6月27日,新京报贝壳财经在新京报客户端首发《一图看懂 | 新发地到底有多大多复杂?》,从新发地物理、空间网络和时间这三个层面的复杂性来体现新发地的规模之大和流动的复杂性,剖析了新发地在北京和全国范围的重要性。通过对新发地相关大数据进行全面深入的梳理分析,深入浅出地剖析了新发地在新冠肺炎疫情防控中的特殊性和难度,纾解社会情绪,当日在新京报 App 上阅读量就达 12 万 +。

本篇报道里有媒体前期其他渠道报道的数据和信息积累,也有适合客户端平台上报道形式的创新。贝壳财经数据小组用创意漫画结合大数据,形式创新,选题贴近民生经济,分析和解释通俗易懂,易于传播和理解,也为媒体进行互动设计和管理做好了铺垫。

2020 年 11 月 28 日,第 32 届中国经济新闻奖揭晓。新京报《一图看懂 | 新发地到底有多大多复杂?》获融合报道类一等奖。

三、实训任务

(一)实训项目名称

融合新闻的发布。

(二)实训目的与要求

通过融合新闻发布实训,帮助学生掌握打造全媒体传播矩阵的基本做法,加深对整合传播的理解。要求学生将互动管理运用到融合新闻的发布过程中。

（三）实训内容

将项目二制作的新闻专题内容做多渠道模拟发布,设计新闻内容在这些渠道上的合理分配,包括适合平台特点的报道的选题、角度、新闻信息量、发布时间和频率、新闻表现形式以及互动设计等。

（四）实训方法与步骤

步骤一:分组。5个人一组,确定小组负责人(主编)。

步骤二:确定模拟发布的渠道平台(至少3个),各小组成员分工负责不同平台,分析其传播特点、技术优势和目标用户需求。

步骤三:根据不同渠道的差异性,小组分工将项目二制作的新闻专题内容在不同平台上进行合理设计和编辑,关注不同媒介形态的平台适应性,编辑思路要体现不同平台的特点。

步骤四:互动设计。为各渠道的信息发布做好互动设计,注意不同渠道间的相互配合与相互推广,打造跨媒体传播矩阵。

第四部分　融合新闻评论

一、新闻评论与融合新闻评论

新闻评论是各类媒体阐述观点、发表议论、表达立场的评论性文体，它针对的往往是新近发生的、具有一定意义的新闻事件和问题，以及迫切需要解决的社会问题。凡以新闻事实为前提，各类具有新闻价值的论说文，无论长短或信息承载形式，均可称为新闻评论。

融合新闻评论是以互联网为传播渠道，针对新闻事实，综合运用文字、图片、声音、图像、链接、扫码等方式进行的新闻评论。

随着我国互联网产业的兴起与蓬勃发展，融合新闻评论也经历了由无到有、发展迅速、传播形式与平台日趋多样化、评论表达更加专业化的发展历程。当前，融合新闻评论已成为新闻评论的主流形式，其传播的覆盖面、影响度已经远超传统媒体，也从一定程度上反映出人民群众对时事问题的关注与参与讨论的热情。

二、融合新闻评论的特征

相比传统媒体的新闻评论，融合新闻评论具有如下特征：

（一）评论主体和传播渠道更加多元化

融媒体的基本传播渠道是互联网，由于网络交流具有平等性、匿名性、互动性强的特征，使得传统媒体对信息发布相对垄断的局面被打破，人人都可有平等表达信息的权利，因此，融媒体时代的新闻评论者呈现出多元化主体，从传统媒体的专职评论员、自由撰稿人逐渐扩展到无数普通网民。传播渠道也从传统媒体，扩展到了门户网站、微信、微博、网站 App、短视频平台等融合媒体。由于新闻评论主体和发布渠道的拓展,现今的新闻评论所体现出的思想更加多元、价值观也更加多样化。融媒体平台成为受众展示自我、表达思想的空间,打造了舆论多元化的社会格局。

(二)传播的信息量大

融媒体依靠互联网的超链接技术,可以将新闻评论进行无限链接,链接内容包含原始的新闻报道、相关主题的其他媒体评论、与评论主题有关的背景资料等信息,其信息量远超过传统媒体的单篇评论所能承载的信息,并且通过超文本链接进行互动,便于对新闻事件或话题迅速汇集多元意见。

(三)评论发布的速度快、频率高

由于互联网信息传输的高速性,融合新闻评论从速度和频率上也体现出了发布速度快,更新频率高的特点。往往在新闻媒体报道刚出没多久,融媒体的新闻评论紧随其后就发表了出来,更新频率也远比传统媒体更加频繁。因此,融合新闻评论在及时把握舆情,捕捉新事物与新问题方面有其优势。这也对融合新闻评论工作者综合素质提出了更高的要求:既要思路反应快、更要善表达,同时平时对知识的储备要丰富,还要具备强大的逻辑思辨能力。当然,由于融合新闻评论对发表速度的要求高,也会引发一些问题,如一些新闻要素、事实的细节、来龙去脉尚未明确,新闻评论者如果就此素材急于操作,就容易违反评论写作必须真实这一原则。

(四)综合运用多种传播符号

相比纸媒新闻评论形式的文字,广电类新闻评论的声音、图像、融合新闻评论将文字、声音、图片、视频等符号综合运用,通过各种融媒体传播形式和渠道(如"两微一端"、H5、短视频、VR、AR 等)进行评论信息的发布与传播。传播方式与表达方式的融合运用使得融合新闻评论更加鲜活、接地气,更容易为不同群体、尤其是年青一代受众所接受。

(五)传播的交互性强

融合新闻评论具有典型的交互性特征。受众在获取新闻评论信息的同时,可以在留言区参与点赞、讨论、并将评论进行转发,扩发新闻评论的影响力。评论者可及时地与受众或用户在线进行沟通和交流,及时获得评论的反馈性意见,以达到更好的传播效果。

项目一　新闻评论的选题

一、基础理论

(一)新闻评论选题的含义

新闻评论的选题,就是要选择新闻评论所要评析和论述的对象与范围,换句话说,就是要明晰"什么新闻事实值得评论""要分析什么问题,解决什么问题"。因此,新闻评论的选题就是评论者对新闻事实进行价值判断的过程。

选题是新闻评论的首要工作。选题准确与否,是否切中时弊是新闻评论写作优先要考虑的问题。新闻评论写作的成败,首先取决于评论选题能否出彩,好的选题决定了一篇评论能否引起受众的接受兴趣,能否引发良好的传播效果。

新闻评论写作的后续环节,如新闻评论角度、中心思想的确定、文章的布局谋篇、逻辑条理的梳理、一系列的分析论证、语言风格的选择等问题,只有在评论的选题确定之后,才能陆续加以考虑解决。

同时,新闻评论选题的确定往往也体现了评论者所在媒体(无论是传统媒体或是新兴媒体)的价值观、舆论导向以及主体意识。

(二)新闻评论选题的影响因素

影响新闻评论选题的因素有二:一是新闻评论者或评论者所属媒体的价值观,体现了对新闻事实的价值判断;二是新闻运作的规律和媒体定位的影响。

1.新闻评论者的价值判断

新闻评论选题的确定体现出评论者或评论者所在媒体的价值判断。媒体新闻评论的数量远比新闻报道的数量少很多,是因为并非所有新闻事实都有评论的价值,必须对新闻事实进行价值判断,选择具有评论价值的事实进行评析,由此可见,新闻评论的价值判断尺度,要比新闻报道的价值判断严格许多。

新闻评论选题的价值判断很大程度上取决于评论者自身的价值观,评论者的社会背景、知识结构、个人经历等要素都会影响其价值观的形成,进而影响评论者对新闻评论选题的确定。

2. 媒体的传播对象及媒体定位的影响

评论选题也要受媒体的传播对象与媒体定位的影响。媒体由于传播的区域、传播重点、传播定位和受众均有所差异,新闻评论的选题也会呈现出不同的关注点,也就是"评论选题焦点"会有所差异。当然,如遇社会共同关注的热点问题,不同的媒体也会出现新闻评论选题的"撞车"现象,但是多数情况下,媒体会有自己在新闻评论选题上范围的倾向性。

(三)寻找新闻评论选题的途径

新闻评论的选题都是从新闻报道中获取的,但在确定新闻评论选题价值的时候要注意结合"一上一下"双路径来思考。

"一上"是指新闻评论者必须具有宏观视野、要胸怀全局,对党和国家的大政、方针、政策要了然于胸,这样在确定新闻评论选题的时候,才能做到"高屋建瓴",跳出具体的新闻事实的局限,找出其规律性的本质。

"一下"指的是新闻评论者必须"接地气",时刻关注社会现象、社会实践和社会问题,尤其是群众关注的各类民生问题。只有平时多观察、多思考、才能在众多新闻事实中迅速、准确地判断出新闻评论选题的价值。

(四)新闻评论选题的标准

1. 现实针对性强

是否具有较强的现实针对性,是判断新闻评论选题有无价值的重要标志。新闻评论的选题在遵循党和国家的方针政策、纲领路线的基础之上,要针对党和人民群众所关心的现实问题阐释观点,引导受众如何正确地看待和处理社会热点、难点问题。因此,在思考及确定新闻评论的选题时,要明晰"为什么要写这个选题? 针对什么问题而写? 评论发出之后要解决什么问题? 希望受众能从中得到什么启发?"等问题。

2. 时效性强

新闻评论主要针对的是新近发生的具有意义的新闻事件、迫切需要解决的社会问题或公众广泛关注的社会话题等进行评论,它兼有新闻和评论的双重特点。因此,讲实效,也成为新闻评论选题要考虑的重要因素。时效性决定了新闻评论一般会以社会生活中出现的新事物、新现象、新问题作为评论的选题。快速反应,及时发言的评论往往具有新鲜感,起到解释现象、阐明道理、引导正向舆论的积极作用。

(五)新闻评论选题的类型

从新闻评论与新闻事实的互动性关系来看,可以将新闻评论的选题分为事件性选题与非事件性选题两大类。

1. 事件性选题

事件性选题,是指以新近发生的新闻事件作为评论对象。这类选题比较强调新闻评论的时效性,因此也对评论者的反应力、思辨力以及语言组织能力的要求比较高。

近年来随着新媒体兴起,对新闻评论时效性的要求也越来越高,新闻评论的出稿速度与新闻报道的时间差距也是越来越小,甚至很多新闻评论在新闻事件发生当天或更快就被发出,由此也带来了评论者未能了解清楚新闻事实的前因后果,就匆忙动笔,新闻评论出现"失真",评论深度欠缺等问题。因此,事件性新闻评论选题首要注意的问题是先确定事件性新闻的真实性。

2. 非事件性选题

非事件性新闻评论选题一般是人民群众关注的社会现象与问题。与事件性评论选题相比,非事件性评论选题的时效性相对较弱,但是此类选题在评论的深度方面有其优势,需要评论者对该问题有长期的观察与积累。

二、典型案例

两家媒体关于社论选题的确定①

2008 年 2 月 27 日，国家审计局公布了全国公路超期收费的报告，第二天出版的 A 媒体和 B 媒体的社评分别是：《公路收费乱象不能再持续下去了》《贪婪的公路收费让政府蒙羞》。缘何两家媒体同时选择了该选题进行评论，以下是两家媒体评论部负责人对于当天选题的看法。

A 媒体评论部主编：2 月 27 日，部门开会认为，当日新闻价值较大的新闻有：（1）郑州市花费 160 万重奖招商引资有功之人；（2）民政部承认雪灾救灾预案不充分；（3）安徽高考方案将进行听证；（4）甘肃省委书记强卫说"上网要成为官员的习惯"；（5）广东许霆案；（6）审计署公布收费公路乱象等。经评论部门讨论决定："官员上网"论述太多，难有新意，放弃；安徽高考地域性太强，候补；招商引资、许霆案的评论适合放在其他言论版。于是，收费公路乱象（第一社论选题）和民政部雪灾预案（第二社论选题）就被最终选定。选"雪灾预案不完备"作为社论，一是当时雪灾刚过，反思雪灾成为必要，而且民政部已有表态，在此基础上评论时机比较成熟。选"公路乱象"的理由是：虽然这个问题已经说过多次，再谈的确新意不够，但是，审计署公开的结果，还是让人大吃一惊：问题竟然如此严重，值得拿出来做文章！

B 媒体评论部主任：那天评论员与编辑提出了两个选题，一个是全国性的，就是国家审计局公布了全国公路超期收费的报告，另一个是本地性质的，我们当地省委组织部一副部长在谈思想解放问题时，表示思想解放不能只停留于经济领域，而要政治、文化、社会全面开花等。由于当时我省正在做解放思想大讨论活动，这似乎也算是一个颇有信号意味的表态。但在我们的讨论之下，觉得以此发言，还是容易牵强附会，不如更着眼于具体事件的发言。但是即便是第一个公路违规收费的选题，我们其实也觉得不满意，类似的选题及相关发言，我们在个把月前已经发过一篇社论，不过当时的背景是我们省两会代表提案。但我们要说的意见，已经在那篇中表达得比较充分了。再写，难免要重复。这是评论员的担忧。但在其他选题明显匮乏的状态下，我认为即便重复也无妨，公

---

① 浙江传媒学院刘茂华 PPT《什么样的新闻才有评论的价值》。

共事务的发言,原本就是一而再再而三的重申与坚持,不可能经常出现新鲜可喜的角度。

【案例评析】两家媒体的社论不约而同地指向了"公路乱收费"这一选题,这与两家媒体均为省级都市类媒体定位有一定关系。由于同属省媒,社评必须要具备一定的宏观视野,要能结合国家的具体政策,论述"公路收费乱象"问题的产生原因、实质危害,以及如何破除"公路收费乱象"的难题。同时,省级都市类媒体的定位是服务全省普通百姓人家,因此在评论选题方面必须与百姓实际生活息息相关,在事关人民群众切身利益关系的问题上要勇于亮出媒体的意见和看法,而"公路收费乱象"问题就是多年来困扰人民群众的现实问题。由此可见,新闻评论的选题,既反映出媒体的定位,也体现出媒体评论部门对新闻事实的价值大小比较,还会反映出评论者自身的价值观念。从案例中媒体评论部负责人的话可以看出,新闻评论的选题的确定还要具备"时空观念",既要横向比较当天发生事件的新闻价值大小,又要考察重复性选题在不同时期的新闻价值大小,是否还有再度开发的价值,也要考虑新闻事件发生的空间、区域问题。

三、实训任务

(一)实训项目名称

新闻评论选题的确定。

(二)实训目的与要求

1. 能从众多新闻事实中确定最有评论价值的新闻报道。
2. 能明确将新闻报道作为评论选题的理由和依据。

(三)实训内容

方案一:学生查看当天《人民日报》微信公号"来了!新闻早班车"栏目的标题,讨论并选出能够作为新闻评论的选题。
方案二:学生查看当天主流媒体新闻,讨论并选出能够作为新闻评论的选题。

（四）实训方法与步骤

步骤一：学生分小组，每组学生用手机自行查看当天《人民日报》微信公号"来了！新闻早班车"栏目的新闻标题，或者查看当天主流媒体新闻。

步骤二：小组同学讨论并选出哪些新闻事实可以作为新闻评论的选题，具体阐释选题的理由，请一名同学做好讨论记录。

步骤三：每一小组选派一名代表课堂发言，阐释本组新闻评论选题，老师做课堂点评，并做总结。

附例：以下是2021年3月18日《人民日报》微信公号"来了！新闻早班车"栏目的社会新闻标题，请从以下标题中分析与判断哪些新闻事实可以作为新闻评论的选题。

（1）水利部消息，去冬今春中国南方部分地区遭遇较重旱情，截至目前，累计有47万农村居民因旱发生饮水困难。

（2）文旅部印发通知，明确旅游景区游客接待上限由当地政府根据疫情防控形势确定，不搞"一刀切"。

（3）人社部等三部门发布新职业信息，碳排放管理员、调饮师等18个职业被列入。

（4）农业农村部消息，今年以来，全国生猪出栏量显著增加，猪肉市场价格明显回落。

（5）针对未履行安全评估程序的语音社交软件和涉"深度伪造"技术的应用，近日，多地网信部门、公安机关依法约谈映客、网易云音乐、喜马拉雅等11家企业。

（6）18日，陕西西安报告1例本土确诊病例，患者为西安市第八医院隔离封闭病区检验科检验师，同病区工作的33名工作人员目前核酸检测结果均为阴性。

（7）福建福州某新材料公司申请注册"清澈的爱"商标案件，当地回应，已就该当事人涉嫌恶意商标注册申请的行为立案调查。

（8）浙江衢州一位腿脚不便的老人拄着拐杖迟迟没有通过马路，路过的华小宁见状，蹲下身背起老人，将老人送到马路另一边后默默离开。

（9）湖南益阳教师苏玉娟发现学生迟迟未到校，匆忙赶到学生家中后发现三人煤炭中毒，苏老师迅速展开急救并联系120，帮助学生一家成功脱离危险。

（10）教育部等六部门联合印发评价指南，提出中小学校要严控考试次数，不公布考试成绩和排名。

（11）海南修订办法，明确乡村民宿的开办实行承诺即入的备案登记制度。

（12）云南昆明下发奖励办法，举报滇池流域河湖违法排污行为最高可奖励 10 万元。

项目二　新闻评论的角度

一、基础理论

（一）新闻评论角度的含义

角度就是看问题的视角。在新闻评论写作中有这样一个现象：有些评论选题比较新，但评论角度旧，整篇评论显得较为平淡；反之，有些评论选题比较常见，但评论角度新，评论就会显得有新意。可见，角度的观察与选取对一篇新闻评论传播效果的影响是非常关键的。

新闻评论的角度，就是新闻评论在确定好选题之后，考虑具体从哪个方面切入对新闻事实进行评论。面对同一新闻事实、同一评论选题，由于评论者关注的细节不同，就会产生不同的评论角度，呈现出不同的问题以及不同的表达。新闻评论者要考虑什么角度最能引发人民群众对该事件、该问题的思考与关注？什么角度富有新意，与时代发展能紧密接轨？

（二）寻找新闻评论角度的途径

1. 老问题找新角度

社会各领域存在着一些持久、复杂、短期内无法解决的问题，我们称之为"老问题"。不少"老问题"事关国计民生、与人民群众日常生活息息相关。"老问题"还时常以一些突发性新闻事件的形式呈现出来，引发社会舆论的关注，新闻评论者在评论"老问题"时，如果不结合新形势、新背景、从新角度切入进行评论，就难以引发受众的兴趣，使得评论效果大打折扣。因此，"老问题要找新角度"，话题虽旧，如果能从不同角度切入，便可以提起社会对老问题的关注和讨论。

2. 大问题找小角度

新闻评论的选题往往离不开政治、经济、社会、文化等领域，如果从宏观视角评论这些选题，容易出现"不接地气、抽象空洞、不鲜活"等问题，受众读起来容易产生"高高在上、不够亲切、与自己生活有距离"的感觉，也与党的新闻宣传工作的"三贴近"原则不相符。因此，新闻评论遇到宏大问题，要从细节入手，"化大为小"，"化宏观为微观"，寻找和受众心理接受度相贴近的"小角度"。

二、典型案例

支教大学生不当言论引发媒体评论① 【节选】

据 2021 年 3 月新京报动视频报道，大连理工大学生刘某在云南支教期间在言语上对学生有侮辱行为，将学生称为"笨蛋"和"傻子"，其不当言论在微博上曝光后引发一片批评之声，后校方对其进行通报批评，取消其研究生入学资格。很多网友表示，处罚非常及时，这是刘某为自己的不当言论买的单。

有媒体从不同角度对该事件进行了评析，如有评论者从处罚方式是否恰当角度，认为刘某的不当言论可以采取批评教育方式，取消其研究生的入学资格是处罚过重；也有评论者从提升支教大学生的基本素养角度出发，提出支教大学生的资格应严格把关。下面这一篇从支教大学生选拔背后存在的制度漏洞角度对该事件进行了评论。

支教大学生问题频发，不能只停留在"当事人活该"层面

近日，大连理工大学学生刘某在云南支教期间的言论引发热议，被指侮辱学生、地域歧视。事后，校方发布通报，终止支教志愿者刘某享有的"保留一年研究生入学资格"等权利。（3 月 13 日新京报动视频）

将学生称为"笨蛋"和"傻子"，刘某的言论引起微博网友的一片骂声。当校方对其进行通报，并取消其研究生入学资格，网友们拍手称快，纷纷留言"刘某咎由自取"。的确，作为一个受过高等教育的大学生、作

---

① 摘自"红辣椒评论"微信公号，2021 年 3 月 16 日，作者：杨树明

为一名支教的志愿者,刘某辱骂学生的言论当然有错,受到惩罚也是理所当然。但是,我们的讨论不能只停留在"当事人活该"的层面,我们也应看到大学生支教问题背后的制度漏洞。

现实中,很多大学生之所以参加支教计划就是为了换取保研资格,支教也一度成为了保研的捷径。由于各地区教育资源的不平等,通过一定的奖励机制吸引优秀大学生参与支教活动本无可厚非,但是选拔出的大学生却时常出现"翻车事故",想必这一选拔制度本身便存在漏洞。

……

【案例评析】

该篇新闻评论者没有停留在责骂和批评"当事人活该"的层面,而是选择了大学生刘某不当言论背后——支教制度存在漏洞,缺乏有效的监管机制这一角度,从新闻事件的"为什么"和"怎么样"去挖掘评论角度的新意和深刻性。该评论提出大学生支教制度存在漏洞的观点,主要表现为选拔机制和监督机制的漏洞,同时提出了解决问题的方法。对于选拔机制的问题,评论者列举了由学生以及当地老师评判支教者品德师德的例子,解决了只有审核者单方面评判的漏洞,并提出高校支教志愿者输出方应加强对志愿者的监督考察力度,接收方学校应加强监督并及时反馈,对于监督机制的漏洞从两方面提出了解决办法。

三、实训任务

（一）实训项目名称

给不同类型的新闻报道拟定新闻评论的角度。

（二）实训目的与要求

1. 掌握事件性新闻评论角度的确定。
2. 掌握非事件性新闻评论角度的确定。

（三）实训内容

学生根据给出的两篇新闻报道材料进行评论角度的讨论,每一个材料至少列出两个以上的评论角度,并陈述自己小组列出的评论角度及理由。

（四）实训方法与步骤

步骤一：学生分小组,每组学生对给出的两个新闻报道材料分别进行评论角度的讨论,每一个小组针对每个材料至少列出两个以上的角度,并阐述所拟角度的理由,选派一名同学做好讨论记录。

步骤二：每一小组选派一名代表发言,阐释本组新闻评论的角度,老师做课堂点评,并做总结。

附：两则新闻报道材料

材料一：事件性新闻报道

女子称公交车上丢手机对 40 多名乘客"搜身"①

年轻女子乘坐公交时发现手机丢了,报警后警察没有找到手机,因怀疑小偷在车上,女子便对 40 多名乘客挨个"搜身"查找,结果仍未找到,导致公交延误 40 多分钟。

公交车上女子对乘客挨个"搜身"

据网上一段长 1 分 24 秒的视频显示,疑似汉中一辆 115 路公交车停在路边,一名穿着白色羽绒服的年轻女子站在该公交车前门处,对从公交车上走下来的乘客挨个"搜身",似乎在寻找什么东西。紧接着,这名女子又在公交车内对座位上的两名女乘客"搜身",有查看乘客包、摸乘客衣兜以及捏乘客衣帽等行为。

视频中可看到,在搜一名女乘客手提包时,这名女子还笑着对被搜女乘客说:"我就是这样翻一下,不好意思啊! 谢谢配合!"可以看出,被搜女子配合了这一行为。

视频还显示,这名女子在公交车上"搜身"时,在驾驶室位置的车厢内疑似两名民警在询问车上其他乘客,其中一名民警询问乘客"中途有没有人下车?"

女子称手机丢了才做出此行为

2 月 19 日下午,华商报记者从汉中市城市公共交通(集团)有限公司证实,此事确实发生在该公司所运营的一辆 115 路公交车上,事发 2 月 18 日下午。当班司机薛师傅对华商报记者说:"18 日下午,一名 20 岁左右的年轻女子和她父母在人民医院上的车,上车后不到一站路,女子说她手机丢了要我停车,我就把车靠边停下,女子拿她母亲的电话拨

---

① 摘自《华商报》,2019 年 2 月 20 日,记者：张映伟。

打了她所丢的手机,但没打通,最后就报警了。"

薛师傅介绍,事发时车上有 40 多名乘客,车停在东塔路口后他没有打开车门,而是等待警察过来调查取证,民警来了后他才下车站在车门处。"丢手机的女子和警察在车上与乘客交涉寻找手机,停车期间一部分附近的乘客就下车回家了,下车时都配合了该女子的'搜身'行为。"

记者联系上当天乘坐该路公交车的孙女士。"丢手机的女子先是自己在车厢里找了一遍,但没找到。警察来了,在车厢内找了一遍也没找到。"孙女士说。后来女子还是认为她丢的手机就在车上,就一个一个对车上乘客进行"搜身"。"她边向被搜乘客道歉边搜,搜得可仔细了,对乘客的包、每个衣兜都搜了,连衣服帽子都找过。"

孙女士介绍,公交车停下后,部分附近的乘客都急着下车回家,女子就站在公交车门口挨个搜。"车上乘客为自证清白,几乎所有人都让她搜了,但也有人抱怨。因为此事,公交车从 5 点 30 分左右就停下来了,包括配合警察工作加上该女子搜车上乘客,一直持续到 6 点 10 分左右才结束。"孙女士说,"最后还是没找到手机,该女子就对我们说'不好意思,耽误大家时间了'。"

2 月 19 日下午,华商报记者从公安汉台分局获悉,关于此事具体情况,汉台警方正在调查了解。

不存在强迫情形并不违法

2 月 19 日下午,陕西敏安律师事务所律师常敏安对此表示,公民的人身自由和个人隐私受法律保护,任何单位和个人无权非法限制公民人身自由以及非法搜查公民身体。此事件中,乘客们为了自证清白,在民警的见证下愿意配合女子的搜身要求,不存在强迫情形,并不违法。

常敏安从社会公共道德角度分析指出,乘客可能存在无奈接受女子搜查的情况。但需要强调的是,一味寻求自保与妥协,这不是社会的和谐与进步。若质疑无成本,澄清又有何意义?社会道德和公民素质的提高有赖于每个公民的共同努力。

"虽然出于女子丢失手机的急迫心情,乘客们愿意配合长达 40 分钟之久,但不提倡该方式。"常敏安说,女子报警后应当耐心等待并配合公安机关的调查,公安机关也应当严格遵照行业部门有关办理案件的要求进行案件的侦查取证。

材料二：非事件性新闻报道

当"老龄化"遇上"少子化"①

正在此间举行的中国发展高层论坛 2021 年经济峰会上，"少子化"与"银发经济"两个独立单元形成了一种特殊"对话"。

当"老龄化"遇上"少子化"，中国如何破解未来社会发展不可回避的"一老一少"困局，无疑是各方关注的热点话题。

"'少子化'是很多国家面临的一个非常重要的问题，我国的总和生育率也早就低于了自然更替水平，这给经济社会发展特别是给人口结构带来了很严峻的挑战。"民政部政策研究中心主任王杰秀开场发言直指当下问题。

老龄化趋势会从人口总量、人口年龄结构和收入分配三个方面为消费增长带来负面效应，进而制约内需扩大，影响高质量发展，中国社会科学院国家高端智库首席专家蔡昉在"银发经济"的分会场率先发声。

与此同时，一组组数字，不仅反映出我国人口变化的特征，也印证着我国未来发展关于"人口那些事儿"的痛点。

数据显示，2020 年我国总和生育率已降至 1.49，跌破了国际公认的 1.5 的警戒线。同年出生并已进行户籍登记的新生儿共 1003.5 万，已连续五年下跌。

无独有偶，国家统计局报告指出，2019 年，我国 65 岁及以上人口比重增至 12.6%，0 岁至 15 岁人口比重为 17.8%，人口老龄化程度持续加深。预计"十四五"我国将进入中度老龄化社会，60 岁以上老年人口将突破 3 亿。

一边是"不生"，一边是"老去"，这样的趋势能否扭转？

翻开"十四五"规划纲要，"实施积极应对人口老龄化国家战略"单列一章凸显国家对这一问题的关注。一系列部署显示，未来我国将以"一老一小"为重点完善人口服务体系，促进人口长期均衡发展。

"在可预见的未来，人口众多的基本国情，少子化、长寿化、老龄化并存的基本面，不会发生根本改变。"南开大学人口与发展研究所教授原新认为，面对不可改变的"三化并存"现实，关键要不断认识新的人口机会，开发第二次人口红利。

人口变化是慢变量、长变量，难以立竿见影，只能在适应现状的基础

---

① 摘自新华视点，2021 年 3 月 21 日，记者：邹多为。

上不断深化认知。

作为世界范围普遍现象,日本和欧美国家同样为"少子老龄""忧心忡忡"。以日本为例,不仅是"少子化"一词的发源地,也是全世界第一个进入老龄化社会的国家。

"自 2005 年达到顶峰后,日本人口便开始持续下降。"日本国立社会保障与人口问题研究所高级研究员佐佐井司说,为了鼓励生育,日本政府采取了很多措施,包括给生育家庭减税、提供生育补贴、落实带薪产假等。

迈入全面建设社会主义现代化国家的新征程,我国"人口红利时代"结束了吗? 新的人口红利又该如何挖掘?

"机遇与挑战并存。"原新认为,虽然我国劳动力资源红利在减少,但它依然庞大,并且随着受教育程度的提高,劳动力素质得到了很大提升。此外,国家提出延迟退休,如果男性和女性最终退休年龄一致,释放出的性别红利把一些年轻老年人口变成大龄劳动力,劳动力资源又得到增加和补充。

"十四五"规划纲要明确提出要"畅通国内大循环""促进国内国际双循环"。蔡昉认为,虽然人口结构的变化给社会经济发展带来重大挑战,但供需两端仍有潜力可以挖掘。

"十四五",我国提出了人均预期寿命要再提高 1 岁的目标。

"长寿社会呼唤长寿经济。"泰康保险集团董事长兼首席执行官陈东升说,相比以往,新时代的老年人在素质、智力、精力和财力等方面都发生了改变,在医疗、保健、康养等多方面消费意愿强烈,"银发经济"市场空间巨大,老年消费未来潜力巨大。

"归根结底,一个社会的养老要靠公共保障制度。"蔡昉说,当下我们应积极加强普惠性养老保障制度建设,从而赋予每个人享受"优雅"老去的权利。与此同时,养老金等物质基础的保障还能进一步释放老年人的消费,使"银发经济"真正散发出无限生机。

项目三 新闻评论的立论

一、基础理论

（一）新闻评论立论的含义

新闻评论的立论，即新闻评论的论点的确立，就是评论者对所论述的事实或者问题的总体主张、看法、意见和态度，新闻评论的立论也就是确定所评文章的中心思想。

立论是新闻评论的核心和灵魂，通常会以判断的形式来表明评论者对于所评论事实的意见、态度和主张。总的论点确定之后，才能思考论据，以及论证方式、方法等问题，因此，立论在新闻评论中起到的是总领全文、提纲挈领的作用。

（二）新闻评论立论的要求

1. 立论要体现"新角度""新高度"

新闻评论的主要作用在于提出新观点、新思想，引发受众对新闻事实的思考，集中反映在新闻评论的立论上，在立论正确的基础之上，新闻评论者要追求"新角度"，提出新看法，要有新高度。

2. 立论要体现"新思想""新见解"

新闻评论在立论正确、提出"新角度"，站在"新高度"的基础上，还要追求提出"新思想"和"新见解"。新闻评论的写作主旨是针对人民群众实际工作、生活中的问题、困难及思想精神层面的疑点进行分析、解惑、引领正确的舆论导向。评论者必须根据现实情况和时代发展特征，在对党和国家方针、政策和各类知识长期积累的基础上，仔细观察、认真思考，提出符合当代社会实情的"新思想"和"新见解"，才能真正打动受众，取得较好的传播效果。

二、典型案例

【关于"东航返航"事件的新闻评论】

2008 年 3 月 31 日，东航云南分公司从昆明飞往省内六地的 18 个航班在抵达目的地后返航，致使数千名旅客滞留机场。东方航空股份有限公司云南分公司就航班返航事件做出调查结论，判定此事件主要是东航云南分公司少数飞行人员无视旅客权益所造成的一起非技术原因的返航事件。

以下是两家媒体就该事件进行的新闻评论，从不同角度进行了立论。

新闻评论 1：东航返航事件折射出什么？ [①]

连日来，东航"返航门"事件成了舆论焦点。但一个星期过去了，这一事件的真相仍然没有浮出水面。

3 月 31 日，东航云南公司从昆明飞往大理、丽江、西双版纳等六地的 14 个航班在飞到目的地上空后，乘客被告知无法降落，航班又全都飞回昆明。事发后事件真实情况到底如何？东航对外宣称，飞机"集体返航"是因为天气原因。不过，这一解释引发了乘客的质疑，因为在同一时间段相同航线上，除了东航的航班外，其他航空公司的所有航班都安全降落。

事件真实情况到底如何？我们目前虽然不能确认。但"返航"事件折射出的现象却非常值得警惕与深思。其一，如果事实真如媒体报道是飞行员因为待遇问题而把返航作为维权手段，那么，这些飞行员必须受到职业精神以及道德等多方面谴责。诚然，飞行员作为稀缺人才，因其培养成本高，所以在自由流动上有诸多限制，再加上一些公司内部的管理等因素，飞行员或许真有一些委屈，他们依法维护自己权益的行为应该得到支持。但是，无论飞行员受到了多大委屈，都不能因为维护自身利益，而牺牲广大乘客的利益。以损害他人利益的极端行为来维护自身权益，是严重的不正当行为。"挟乘客以令公司"的做法绝不可取。

其二，如果"返航门"真是祸起维权，那么航空公司同样难辞其咎。劳资关系本属于企业内部关系，如果激化到成为公共事件，也足以反映

---

① 摘自《人民日报》，2008 年 4 月 7 日，作者：沈寅。

部分企业对初期维权行为的漠视。如何协调越演越烈的飞行员与航空公司之间的矛盾冲突？如何构建更趋合理的薪酬以及流动机制？如何破解航空业人力资源困境？这些问题都需要航空公司以及有关部门认真思考。

以天气原因来解释，不过权宜一时，却难防众口。作为航空企业，最重要的就是安全和乘客的信任。如果出了问题不是尽快让公众了解事实真相，而是回避搪塞，那如何获取广大乘客的信任？

欣慰的是，中国民用航空局已派出工作组，对东航航班不正常原因进行调查。我们相信，事实真相终将浮出水面，乘客将能够得到一个令人信服的答复。

新闻评论2：东航"返航"事件中工会哪里去了？[①]

3月31日，东方航空公司云南分公司发生18个航班集体返航事件，致使1500多名旅客滞留昆明巫家坝机场。事件发生后，舆论哗然，纷纷谴责飞行员在追求合法权益时，漠视旅客的利益，并置旅客安危于不顾。（4月6日《南方都市报》）

在返航事件之前，一些飞行员与东航公司已经是矛盾重重，返航事件只不过是矛盾的集中释放。但令人奇怪的是，从矛盾积聚到善后处理，我们始终没有见到航空公司工会的踪影。按道理，飞行员对企业管理有意见，对个人利益有诉求，完全可以通过工会进行博弈，争取权利，实现诉求，不需要导演出集体返航的恶性事件。

大家都知道，在国外，几乎每一个行业都有自己的工会，劳动者有诉求，一般都由工会出面。这种经过充分博弈、平衡各种利害关系的谈判，既能维护职工的合法权益与诉求，又能维护企业和社会的稳定与和谐。

但工会这个好东西，多年来在我们劳资纠纷解决过程中总是作用有限。其实，东航集体返航事件反映的劳资关系本身就是一对博弈，假如工会再不承担起"缓冲阀"的作用，而是听由企业和劳动者无规则较量，无疑，那将是和谐社会的"炸弹"。

【案例评析】

东航返航事件曾一度引发社会舆论的关注，自然也是媒体评论的焦点。媒体从不同角度对这一事件进行了评析。评论1首先回顾了该事件的基本经过，接着分析了飞行人员的不当行为根源在于航空公司

---

① 摘自《东方早报》，2008年4月7日，作者：惠铭生。

内部管理不善,提出应该"如何协调飞行员与航空公司之间的矛盾冲突?""如何构建更趋合理的薪酬以及流动机制?""如何破解航空业人力资源困境?"等问题,评论结尾提出总论点,即"作为航空企业,最重要的就是安全和乘客的信任。出了问题应尽快让公众了解事实真相,而不是回避搪塞"。

评论2同样先简单回顾了整个事件的始末,指出此次事件的爆发原因是航空公司与飞行员之间矛盾激化所致,接着提出航空公司工会在此次矛盾纠纷中"缺位"这一事实,认为飞行员的利益和诉求应该通过工会这一组织来解决。这是全文的总论点,在论点提出后,评论者分析了工会在企业中应有的担当,再次指出东航工会在此次事件中未能发挥应有作用的危害。

两篇评论的论点在文章中位置不同,从不同角度向公众阐释了如何透过现象思考事实本质。如果比较两篇评论立论的"新角度""新见解"及"深刻性",第二篇的立论则更胜一筹,该评论提示公众思考:在企业劳资纠纷中,工会应该发挥承担起"缓冲阀"的作用,而不是任由企业与劳动者之间自行较量。

三、实训任务

(一)实训项目名称

确定新闻评论总论点。

(二)实训目的与要求

1.根据新闻事实材料拟定新闻评论的总论点。
2.比较与评析同题多篇新闻评论的立论。

(三)实训内容

1.根据给出的两则新闻评论归纳出总论点。
2.根据上一章实训任务中给出的两则新闻报道,拟出新闻评论的总论点。

（四）实训方法与步骤

1.学生分小组，每组学生对给出的两则新闻评论进行讨论，分别归纳出总论点。每一小组选派一名同学做好讨论记录，再选派一名代表发言，阐释本组观点，老师做课堂点评，并做总结。

2.学生分小组，每一小组根据上一章实训任务中给出的两则新闻报道进行讨论，拟出新闻评论的总论点。每一小组选派一名同学做好讨论记录，选派一名代表发言，阐释本组观点，老师做课堂点评，并做总结。

新闻评论 1："口罩擦鞋"要一查到底 [①]

这几天，一段视频让人大跌眼镜。一名男子在一间口罩生产车间，拿起口罩擦自己的鞋子，还不时对着镜头"摆拍""耍酷"。很多人看到如此野蛮行为，感到震惊，引发众怒。

更糟糕的是，这段视频在境外平台被转发了。一时间，口罩生产问题成为众人关注的焦点。鉴于视频流传的广泛性，海内外对这一行为都甚为气愤。国内网友指责该男子"太缺德"，海外则开始质疑中国生产口罩的标准及安全性。由此不难发现，一段不雅视频，引发了人们对口罩生产的担忧，甚至影响到一个行业的发展。

新冠肺炎疫情仍在全球肆虐，口罩毋庸置疑是最为重要的防护物品之一。更重要的是，当前口罩的缺口仍然不小，很多地方还面临"一罩难求"的境况。从这个意义上说，生产口罩是一项极为重要的工作，生产高标准的安全口罩更是关乎救人性命、关乎疫情防控。因此，没有人愿意看到这样的不雅画面，口罩生产被污染、口罩质量被破坏，这不应该发生。

有人说，或许他用的是废弃边角料。疫情当前，口罩是人们安全感的重要体现。用生产的合格口罩擦鞋，人们绝对不能接受；难道用边角料擦一擦，就无妨大碍了吗？显然，这种试图开脱的荒唐逻辑，在很大程度上也是没有绷紧"安全生产"这根弦的体现。换言之，在生产车间，无论用什么擦鞋，都是在挑战公共底线、挑衅公众良知、触碰防疫的敏感神经，绝不允许。

同时，这在很大程度上折射出企业责任的缺失。防疫物资生产应该有严格的流程、高规格的标准、有素质的员工，试问，这样一名没有穿工

---

① 摘自人民网之"人民网评"专栏，2020 年 4 月 3 日。

作制服的男子是怎么进入生产车间的？这名男子是怎么"任性"地接触到成堆口罩的？事发企业是否有生产口罩的资质、是否有严格的生产管理制度？面对这样一场闹剧，我们需要涉事人员公开道歉，需要相关企业说明情况，需要相关部门严格调查，需要权威部门给涉事人员及单位依法严惩，需要对生产企业来一次严格的摸排和监管。口罩是用来隔绝病毒的，绝对不能藏污纳垢，更不能让这种"无德病毒"继续肆虐。

一场疫情是一次大考，也是一次大战。它考验的不只是一个国家的防控能力、治理能力，更在微观层面上考验各行各业的应对能力、各个企业的发展能力，甚至考验着一个国家的国民素质。"口罩擦鞋男"不代表善良的中国人民，更不代表不断提质升级的中国制造。这只是一个少数个案，但同时给我们敲响了警钟，那就是越是在关键时刻、紧要关头，越是不能肆意任性、无德无行，越要把好生产发展的每一关，越要提高每个人的素质。

我们期待，这段视频背后的事情会调查清楚、责任会追究到位、改进会落到有效。我们期待，面对人类共有的灾难，命运共同体意识要再强一些、行动应再实一些。

新闻评论 2：警惕应试教育资本化破坏教育生态 | 新京报快评 [①]

"第一高中"在美上市之所以引发关切，是公众担心"衡中模式"继续扩张和病变。

▲第一高中教育集团赴美上市。图片来源：IPO 早知道截图。

因一只教育概念股的上市，"衡中模式"再次引发关注。据报道，第

---

① 摘自新京报评论微信公众号，2021 年 3 月 27 日，作者：熊丙奇。

一高中教育集团近日赴美上市。这家自称中国西部最大的民办高中集团,短短几年旗下就已设立19所学校,超过2.5万名学生就读。其中,除4所高考补习学校外,其余15所名字都有"衡水"字样,以河北衡水中学分校名义遍布多地,甚至深入县城。

一家高中教育集团,短短几年就做到上市,细究起来是两股力量共同推动的结果:一是资本的力量,二是应试教育思维下,地方追求升学政绩的力量。

"衡中模式"在全国扩张,多年前就曾引发关注,2017年准备落地浙江时,更招致包括该省教育厅官员在内的教育界人士反对,以违规提前招生为名叫停其办学。而那时,另一些地方尤其是有些中西部地区县市,却对此"热烈欢迎"。据报道,该教育集团的扩张,一是与地方合作办学,由地方提供土地、设施以及补贴、税收优惠,集团仅输出教职工、管理层及教育资源;二是与房地产开发商合作办学校。

这也是其上市遭遇质疑最多的地方。与政府合作办学,集团内的很多高中是非营利性高中,按规定其办学结余就不能用于分红,而须全部用于办学。而其注册为营利性公司的民办学校,不能公办民办不分,使用"衡中"品牌就涉及公办学校被商业化利用。对此,第一高中教育集团在招股书中也披露,"公司面临办学许可证被吊销的风险",显然,公司是知道存在这些问题的。

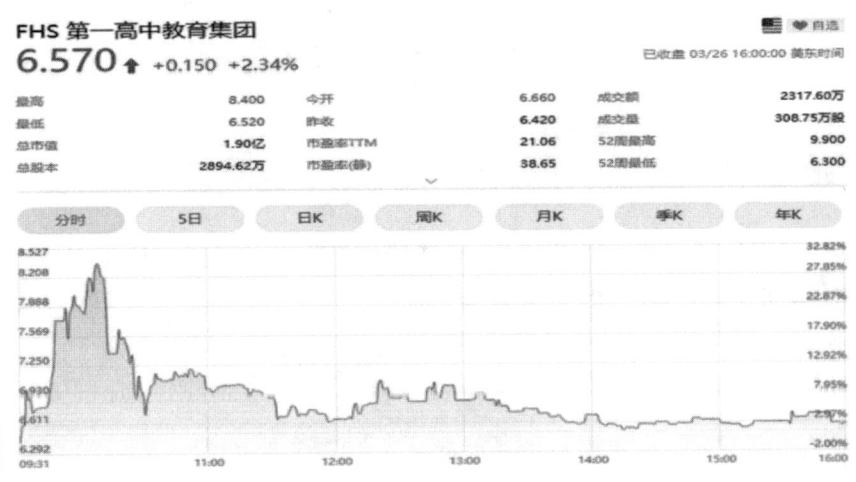

▲ 3月26日股价走势。

既然如此,为何还上市? 这一方面是赶在更严格的监管措施出台之前上市,另一方面也显露出资本逐利的一面,教育是其牟利工具。这也是当前我国部分地方教育生态的真实写照。

围绕该教育集团的舆论质疑,核心问题就是违规办学:一是公办民办不分,违反《民办教育促进法》;二是跨地区违规"掐尖"招生,大搞应试教育,带来的是对整体基础教育生态的破坏。

要治理这类问题,还得依靠法规完善。2018 年发布的《民办教育促进法实施条例(修订草案)(送审稿)》就明确规定,"实施集团化办学的,不得通过兼并收购、加盟连锁、协议控制等方式控制非营利性民办学校。"但到目前为止,修订后的《民办教育促进法实施条例》还没颁布。而在法律出台前,有的机构就打时间差,进行集团化运作,协议控制非营利性民办学校。

地方也须转变教育政绩观。《深化新时代教育评价改革总体方案》要求,坚决纠正片面追求升学率倾向,对教育生态问题突出、造成严重社会影响的,依规依法问责追责。

这意味着,对于类似通过违规掐尖大搞应试教育打造升学政绩,资本和权力各得其所,却破坏了地方教育生态的办学模式,必须被遏制,防止其蔓延。

项目四　新闻评论的结构与标题

一、基础理论

和普通的议论文结构一样,新闻评论作为一种特殊的议论文,一般由评论的标题与评论的主体两部分构成。

(一)新闻评论的标题

1. 新闻评论标题的含义与作用

新闻评论的标题就是新闻评论的题目,一般是用简短有力的文字表明评论范围、主题思想、基本倾向,集中体现了评论的内容和评论者的态度。新闻评论的标题起到的是点明评论主旨,吸引受众关注,并引发受众思考的作用。

2. 新闻评论标题的要求

（1）准确概括论点,揭示评论主旨

新闻评论是表达评论者对新闻事实的判断、态度和思考的文体。评论者的观点与主旨一般在文中两处进行揭示:一是新闻评论的标题,二是文章开头或结尾概括评论的中心思想。在标题中体现出观点是新闻评论常用的方式,这种观点的体现或是旗帜鲜明表现出评论者肯定或者否定的态度,或是运用一些特殊的表达方式或修辞手法来表达评论者的立场和倾向。

（2）表达简明扼要,语言鲜活生动

新闻评论标题的结构一般是简单句,用一句话表达评论者的态度和观点,以单行标题居多,有时候也会是一个词语或是一个字来做评论的标题,无论是哪种形式,都要求评论的标题表达简明、准确,言简意赅,同时又要求语言生动、鲜活,赋予时代气息。

（二）新闻评论的主体结构

新闻评论的主体由引论、本论和结论三部分构成。

1. 引论

引论是新闻评论的开头,提出问题、表明观点常常放在引论部分。引论部分写得精彩,就能起到吸引受众继续阅读的兴趣。引论部分的写作,要求"开门见山",简明扼要,不落俗套。引论写作可以分为以下几种方式:

（1）简要概述要评论的新闻事实,紧随其后亮出自己的观点。

（2）交代评论的背景与动机,提出评论者的观点。

（3）摆出驳论对象,接着亮出评论者的观点,然后逐条进行驳斥;或者先逐条驳斥,文章结尾提出自己的观点。

2. 本论

本论是新闻评论展开论证说理的部分。这一部分要体现出论述的层次感和逻辑性。本论部分常用的结构形式如下:

（1）演绎式论证结构

新闻评论的篇首提出总论点，根据总论点进行逐层的论述。

（2）归纳式论证结构

围绕所要评论的中心，先逐层展开说理，最后归纳出总论点。

（3）并列式论证结构

文章提出总论点后，再从并列的几个方面提出分论点进行阐释。分论点之间的位置调换不影响文章的逻辑表达。

（4）递进式论证结构

文章提出总论点后随后展开分析，层次之间是由现象至本质的逐层深入。

3. 结论

结论是新闻评论的结束部分，起到总结全文，发人深思的作用。结尾写作要求简明有力不拖沓，言有尽而意无穷。结论常有如下几种形式：

（1）总结全文，首尾呼应

新闻评论的基本观点论述完毕后，评论者用一句话做总结式的结尾，与开篇的总论点相呼应，形成完整的首尾呼应，进一步增强论证的力量。

（2）发出号召，提出希望

此类结尾多用于各级主流媒体的社论中，号召动员人民群众积极响应和支持党和政府的政策，一般会使用极富感召力的话语鼓舞人心，展望未来。

（3）提出问题，引发思考

评论结论部分围绕主题提出新问题，既是对主旨的呼应，又耐人寻味，引发受众进一步思考。

二、典型案例

【案例1】新闻评论标题的撰写

1.《巴黎圣母院起火，中国文保单位当防患于未然》

2.《用智能手表定位环卫工，有一种来自权力的残忍》

3.《工人安全帽一碰就碎，安全还分三六九等？》

4.《小学"无声食堂":无语,老师做得到吗?》

5.《视觉中国的图片版权之争,不能也是"黑洞"》

6.《"国学班"不能代替义务教育,家长也该梦醒了》

【案例评析】

案例中的六则新闻评论的标题,均是在题目中直接表明评论的主题和观点。从这些标题中可以明确感受出评论者的态度和观点,体现出新闻评论标题写作的特征。六则新闻评论标题所用的表达方式各异,第一、二则标题用的陈述句句式;第三、四则标题用的是反问句,质问语气强烈,更为有力地表达出评论者对社会存在的不良现象与问题的愤怒情绪;最后两则标题则是运用了否定句句式结构,旗帜鲜明地表明了评论者的反对意见和态度。可见,无论使用何种表达方式、修辞方法拟定新闻评论的标题,都要注意紧扣评论的中心思想,表达要简洁明了,体现态度要明确不含糊。

【案例2】新闻评论的结构

视频网站 VIP "一直收钱一直坑",底气何在? [①]

同样的 VIP 会员,用 iPhone 充值比安卓手机贵;花钱购买 VIP 本想免除广告之扰,然而广告似乎一个都不见少;买了 VIP 会员,还单独买了下载片源或音乐,可是 VIP 过期后,购买的下载资源也不能观看……据媒体报道,类似的"VIP"只收费不服务现象还有不少。

也因此,4月8日,浙江省消保委约谈了爱奇艺、腾讯视频等11家音视频平台,指出它们存在广告特权描述不清,涉嫌虚假宣传;默认勾选自动续费,开通容易取消难;增设收费项目等问题。但目前看来,用户的痛点仍然无法解决。

重收费不重服务的"VIP"侵犯了消费者权益。然而视频平台明知用户不满,也面临舆论监督和消保委约谈的外部压力,却没有实质性改进动作。原因恐怕有二。

一来,前几年为了争夺视频风口,各大视频平台投入巨大,动辄数十亿的亏损。长期的亏损显然不符合商业规律,视频平台必须向投资人做出交代。而在视频平台眼中,仅靠"VIP"单次收费无法填补投入缺口,需要设计更多的增收路径,这就让用户发现,所谓的"VIP"权益变成了视频平台的单方面解释权。

---

① 摘自澎湃新闻网,2020年4月19日,特约评论员:毕舸。

　　而更为关键的问题则是,消费者群体在与视频平台的博弈中处于明显弱势。近年来,视频行业的集中效应日趋明显,几个头部视频平台掌控着绝大多数视频内容资源。这就意味着,一旦头部视频平台不断寻求更多利益回报,消费者除非放弃视频内容消费需求,是难以说"不"的。

　　对于消费者而言,虽然花钱购买"VIP"的服务质量不佳,但如果不充值购买,也就与优质视频内容供给无缘。

　　也因此,抱怨归抱怨,头部视频平台的用户仍然咬着牙买单,这又间接助长了视频平台的"底气"。从经济人理性的角度来看,只要企业的直接损失和间接损失之和小于经济收益,其行为就不会更改。

　　对于视频平台"VIP"重收费不重服务,也有用户奋起抗争,比如去年网络剧《庆余年》大热,腾讯视频、爱奇艺两家视频平台手牵手开启"超前点播"服务,律师吴声威、林健起诉爱奇艺与腾讯,要求两家视频网站确认 VIP 会员服务协议下的多条条款。但这一维权案例尚无下文。而对普通用户来说,维权所付出的时间、精力等成本与预期赔偿不成比例,也就不可能形成集体诉讼现象。

　　面对消费者自行维权难的现实困境,还需制度救济。比如包括浙江省消保委在内的各地消保委,可以代消费者发起公益诉讼,让视频平台的违法违规成本大幅度上升,有效遏制其把"VIP"变成乱收费的冲动。

　　【案例评析】

　　视频网站欺骗消费者权益事件时有发生,引发了民众对该问题的关注。该文正是严厉批评了视频网站对 VIP 客户的各种欺诈行为。评论的标题不仅谈到了视频网站 VIP 客户在付费后遭受的不公正待遇,同时也提出了评论的主旨——质问这种不合理行为是如何产生的?

　　文章引论部分列举了视频网站 VIP 客户遭遇的种种"只收费不服务"的恶劣现象。本论部分从两方面分析了视频平台在面临舆论监督消保委约谈的双重压力之下,仍然选择继续侵害消费者权益的原因。评论者认为原因有三:一是视频 VIP 权益的解释权落在视频平台,VIP 客户只能被动地听从视频平台的各种说辞;二是消费者群体在与视频平台的博弈中处于明显弱势地位,如果不购买 VIP 会员资格,很多优质的视频资源就会完全看不到,于是消费者只能选择屈服;三是如果消费者起诉视频平台,维权所付出的时间、精力等成本与预期赔偿不成比例,消费者想从法律途径解决问题觉得得不偿失,只好放弃。在本论部分,评论者采用的是层层递进的结构,逐层深入,分析了视频网站的各种不合理收费的原因。结论部分,评论者提出了解决这一不良现象的途径——"制度救济",也就是浙江省消保委在内的各地消保委,代替消费者发起公益诉讼,让视频平台的违法违规成本大幅度上升,以此遏制视频平台乱收费的问题。

该篇评论观点明确,立场鲜明,层次结构分明,逻辑条理清晰,遵循了"提出问题——分析问题——解决问题"三步论述法。

三、实训任务

（一）实训项目名称

1.新闻评论标题的制作。
2.写作新闻时评。

（二）实训目的与要求

1.理解并掌握新闻评论标题的制作、语言风格。
2.根据所给的新闻报道制作新闻评论的标题。
3.根据所给的新闻报道写一篇评论。

（三）实训内容

1.根据给出的新闻报道制作新闻评论的标题。
2.根据所给的新闻报道撰写一篇新闻时评。

（四）实训方法与步骤

1.教师提供一批近期的新闻报道给学生,请学生自行选择一篇报道写评论,并为新闻评论列出评论标题,教师批改学生的新闻评论标题后,进行课堂讲解和点评。

2.根据下列这则新闻报道撰写一篇评论,字数在 800 ~ 1200 字左右,要求观点鲜明,层次清晰、逻辑严谨、论证有力。

严禁超前教学、摒弃"唯分数"论……

四川省教育厅对中小学课堂教学提了这些要求 [①]

近日,四川省教育厅印发《四川省教育厅关于进一步提高中小学课堂教学质量的指导意见》(以下简称《意见》),《意见》提出要"严禁超标、超前教学""摒弃低效重复的题海战术""合理调控课后作业"摒弃"唯分数"论,改变"满堂讲,满堂灌"的不良教学行为等要求。

摒弃"唯分数"论,改变"满堂讲,满堂灌"的不良教学行为

《意见》要求,要摒弃"唯分数"论,着力培养学生的学习能力,促进思维发展,激发创新意识,形成创新能力。重视思想方法的及时引入和适时建构,正确反映教学内容的内涵及其蕴涵的学科思维;努力将基础知识、基本技能与基本思想方法相结合,形成基本活动经验,使学生获取认识自然、社会和自我的正确思想和科学方法。教师要有目的、有计划、有组织地引导,创设以学生为中心的课堂教学氛围,改变"满堂讲,满堂灌"的不良教学行为,让学生变被动学习为主动学习。

课后作业,小学阶段作业不出校门,初中阶段作业不超纲,高中阶段作业不越界

《意见》要求,学校要加强学科组、年级组关于作业的统筹,建立作业公示制度,合理调控作业的结构和总量,体现作业对教学的反馈价值和减轻学生过重课业负担的作用;要把作业质量的提高作为统筹作业管理的一个核心环节,科学、有效、合理地设计作业,作为学校校本教研的重要内容;要不断提高作业设计的质量以及针对性,促进学生完成好基础性作业,义务教育阶段应强化实践性作业,探索弹性作业和跨学科作业,高中阶段应适当增加探究性、实践性、综合性作业。小学阶段作业不出校门,随堂作业在校内完成,初中阶段作业不超纲,高中阶段作业不越界。教师应全面掌握作业完成情况,强化作业的批改及课后辅导,不能让家长监督学生完成,不能要求家长批改作业或签核作业;对学习有困难的、存在问题的学生,要及时帮助、解答、辅导,把作业设计与批改作为巩固学生学习成果、科学评价、诊断学情、因材施教的重要手段。

严禁学生将个人手机、平板电脑等电子产品带入课堂

《意见》要求,要充分利用信息技术带来的图文并茂对多重感官的综合刺激,促进教学内容与真实情境的融合,通过多种方式为学生提供

---

① 摘自新华网,2021 年 3 月 19 日,记者: 陈琳。

生动、直观、富有启发性的学习材料；充分利用科学的测评工具，努力推动教与学行为的数字化记录和分析，构建线上线下交互式的学习新生态。

《意见》要求，要指导学生科学规范地使用电子产品，养成信息化环境下良好的学习和用眼卫生习惯。严禁学生将个人手机、平板电脑等电子产品带入课堂，带入学校的要进行统一保管。学校教育本着按需的原则合理使用电子产品，教学和布置作业不依赖电子产品，使用电子产品开展教学时长原则上不超过教学总时长的30%，原则上采用纸质作业。

项目五 融合新闻评论的制作

一、基础理论

（一）短视频新闻评论

2018年被誉为短视频的爆发元年，短视频呈现爆发式增长态势，国内各类短视频平台或新闻媒体的短视频频道纷纷发力，"短视频新闻评论"这一新型评论形式也应运而生，且发展迅猛。

1. 短视频新闻评论的类型

短视频新闻评论按照节目内容划分，可分为政治评论、经济评论、社会问题评论、文娱评论等。按照评论节目来源划分，可分为两类，一类是由电视媒体制作的评论节目，进行重新编辑后放在网络媒体平台播出；另一类是在互联网或社交媒体平台直接制作的视频产品。按照短视频时长来分类，有"一分钟评论"（时长控制在1分钟之内）、"中型评论"（时长控制在5分钟之内）、"长篇评论"（时长控制在20分钟之内）。按照形式来分，可分为脱口秀型、"新闻事实回顾＋画面"解说型、"脱口秀＋画面"解说型、访谈型等。

2. 短视频新闻评论制作要注意的问题

一是在评论的同时，可适当增添评论的贴近性和趣味性，运用平视视角，而不是高高在上的说教，同时，表达可以更加口语化，用受众喜闻乐见的语言娓娓道来；二是短视频主要的播放平台是社交媒体平台，载体一般是移动通信设备，如手机、IPAD，这类接受设备的受众更习惯于竖屏观看，而竖屏的设置用户比较习惯看屏幕中的人物形象，因此，在评论主持人的选择上，短视频新闻评论节目更要突出主持人独特的主持风格，以此给用户比较鲜明的印象。同时，在评论制作的时候要充分考虑到移动设备用户的观看习惯，制作适合竖屏观看的节目。另外，在主持背景的选择上可以一改传统电视新闻评论节目习惯于演播厅的做法，多选择户外自然景观，以增添评论节目的生动性、灵活性，拉进与用户的距离感。

（二）微博新闻评论

微博，也称为微型博客，是一个在社交网络基础上进行信息分享和传播的载体，也是自我表达、传播信息、与人交流的最方便、快捷的社交媒体平台。微博在我国的用户普及度极高，据2020年第一季度数据统计显示，微博的1月份活跃用户率达到5.5亿人次。微博具有传播速度快，互动性强、更具时代感、个性化、信息发表更便捷等特征。

微博新闻评论，是微博用户在微博平台上对新近发生的新闻事实发表的评论和观点。

1. 微博新闻评论的类型

根据评论发出的传播主体差异，微博新闻评论类型大体上可分为"直接评论型"和"反馈评论型"。

"直接评论型"即新闻评论的主动发出者，可以是个体或者媒体官方微博平台等，这些传播主体在微博上发表对近期发生的新闻事实的意见和看法。

"反馈评论型"是指微博用户通过点赞、转发或者使用微博的评论功能对微博上发表的新闻或者信息进行评论的行为，这时候评论行为的传播主体是微博用户。"反馈型评论"一般情况下字数比较简短，更多的反馈不一定是文字，很多是表情包、各种图片等。

2. 微博新闻评论的特点

（1）篇幅较短，内容简洁

相对传统媒体新闻评论字数较多的特点，微博新闻评论的字数较为简洁、精炼,运用简短的文字将主要观点进行有力阐释,这也符合了微博用户的阅读习惯——在较短时间内迅速抓住评论者的观点和主张。

（2）发布速度方便快捷

微博每条信息的字数一般在140个字以内,微博用户一般只要一分钟左右就可以读完评论要点,发表评论也只需简短发表观点即可,点击"评论按钮"即可发布,整个观看与回评的过程最快几分钟就可以完成,非常方便快捷。

3. 微博新闻评论写作的要求

（1）短小精悍

要习惯用短小简练的语言把评论者的观点表达出来,对评论者的提取关键信息、概括归纳能力提出了较高的要求。

（2）强调时效性

在确定新闻报道真实性的基础上,微博新闻评论尤其要抢速度,争取尽快将新闻评论发出。

（三）新闻评论微信公众号

微信是我国受众获取信息、联系交流的一类重要的社交媒体,公众号是微信阅读的主要平台。目前不少媒体和个人都在微信上开设了新闻评论的公众号,新闻评论微信公众号已逐渐成为新闻评论的又一种重要平台。

1. 新闻评论微信公众号的类型

（1）新闻媒体的新闻评论微信公众号

在新媒体环境下,我国不少传统媒体已开设了新闻评论微信公众号,如新华社的"新华时评",《新京报》的"新京报评论"。

（2）个人开设的新闻评论微信公众号

互联网平台的开放性,使得民众可以充分参与到对社会热点事件的讨论中来。许多专职媒体评论员或自媒体人纷纷在微博上开有自己的评论微信公众号,如时事评论员曹林开设的"吐槽青年·曹林的时政观察"。

2. 微信新闻评论的特征

（1）评论选题灵活化,内容细分化

微信新闻评论除了延续传统主流媒体对时政或社会重大事件和问

题的关注之外,选题更为多样和灵活,如民众们关注的社会热点或有争议性的话题,往往也是新闻评论微信公众号比较热衷的选题。

由于网络媒体的超链接性与版面的不受限性,新闻评论的微信公众号的定位更为细分,内容也更为集中,例如有的公众号专门聚焦时政问题、有的关注社会民生问题,有的擅长评论国际关系问题,均有各自擅长的内容领域。这样的细分不仅有利于形成评论的特色,同时从自媒体本身的运营而言,也容易形成固定的用户群,增强传播效果,在收获社会效益的同时,也保障了微信公众号的经济效益。

(2)评论语言表达风格多样化

相比传统媒体新闻评论语言表达偏端庄、严肃风格,微信新闻评论在语言表达方面呈现出多样化特征。不少新闻评论的公众号在坚持理性思考的基础上,语言表达或畅快淋漓,或冷峻犀利,或幽默诙谐,充分展现出自媒体评论者的鲜明"文风"。

二、典型案例

【案例1】人民日报微博评论之"# 人民微评 #"①

人民日报微博作为《人民日报》的微博平台,是继人民网之后《人民日报》打造的又一网络品牌,创办于 2012 年 7 月 22 日,人民日报微博的简介是"参与、沟通、记录时代。"截至 2019 年 11 月 24 日,人民日报微博粉丝量破亿,居主流媒体微博榜首。

"# 人民微评 #"是人民日报微博评论的优秀栏目之一,通过对人们关注的新闻事件进行简要评论体现出媒体的态度和观点,反映出人民日报评论"亲民""以人为本"的意识。"# 人民微评 #"既顺应了"快阅读"时代受众对信息"短""频""快"的需要,又做到了"微评"的要求:言简意赅、观点鲜明、言有尽而意无穷。该栏目的评论体现出了其倡导的口号"聚焦社会热点,发出最强音"的内涵,彰显出党中央机关报的实力。

下面是"# 人民微评 #"2021 年 1 月 14 日的一篇微评,题为《疫情防控,必须让特权走开》。微评截图如下:

---

① 资料来源: https://weibo.com/2803301701/JD9fKDW1S?mod=weibotime&type=comment&sudaref=www.so.com

不仅寒了志愿者的心，更会埋下巨大隐患。依法彻查并严肃处理，以抚慰寒风中值守的志愿者！#
人民日报评女子不配合防疫登记#口青蕉视频的微博视频 收起全文ヘ

　　该微博评论是根据一则新闻报道视频而发的，微博用户不仅可以在
当前页面直接看到新闻视频，也可以通过点击该条微博中"青蕉视频的
微博视频"（如上图所示）看到该则新闻报道。新闻报道的微博视频截
图如下：

女子拒不配合防疫登记还打电话"找领导" 志愿者回怼：那我们没法

新闻报道反映的是辽宁大连一女子在疫情期间不配合防疫检查要求进小区，遭志愿者阻拦，女子打电话给社区领导要求放行。视频中，该女子打着电话说自己没有登记身份证号遭阻拦，志愿者接听电话后表示，是不是以后所有的人只需要简单登记一下就行？有网友爆料称，该女子为街道办副主任，三名志愿者因此事退出了志愿者队伍。

【案例评析】

该则微评的主题选自"新冠疫情"期间发生在群众身边的一件看似普通，但足以引发社会关注的新闻事件，即反映了某些人对于疫情期间国家防疫政策管理的漠视与拒不遵守，也反映出这些人身上深重的官僚作风和习气。"人民微评"抓住事件核心，用短短一百多字亮出评论的中心思想：在严峻的防控形势之下，人人都必须严格遵守和执行国家各项防控措施，任何人妄图依靠关系或特权拒不执行，必须要依法彻查并严肃处理。

该则微评体现出了微博评论的典型特征：一是时效性强，新闻事件被曝光后，微博评论迅速发生；二是评论短小精悍，一针见血地指出问题所在，观点鲜明；三是体现出微博评论的融媒体表达形式，如报道视频链接、用户的转发、点赞以及评论区热烈讨论等；四是微博评论的版面设计简洁大方，屏幕最上方展示出该条评论的中心观点，中间部分是新闻报道的短视频，简短清晰地交代出事件全过程，下方部分是用户评论区,有序展示出用户观看视频和评论后的反馈信息,整个版面的设计考虑到了用户的"竖屏"观看习惯。

【案例2】视频类融合新闻评论节目《中国舆论场》

《中国舆论场》作为我国第一档融媒体深度新闻评论节目,由国家网信办与央视联合制作,于2016年3月20日开始在中央电视台中文国际频道上线播出,每周日晚间黄金时间段19:30—20:30面向全球直播。

与传统电视媒体的新闻评论类节目模式不同,《中国舆论场》运用了大数据技术,通过大数据分析全媒体平台的舆论热点,并通过融媒体模式带动受众参与话题讨论。

该节目与央视网联合推出了"中国舆论场指数",实时关注全网新闻的热点舆情,盘点每日每周舆情最热的前十名新闻,每期节目将请来相关专家现场对榜单上的热门新闻进行专业分析和解读,包括资深媒体人、时事评论员等;同时,节目还将就不同话题,对政府部门管理者、相关领域专家等进行现场连线采访,及时对事件疑点、难点、争议点进行解答和回应,将主持人、评论嘉宾、场外受众三方在线或通过屏幕进行交流对话。

节目分三大板块:第一部分是"一榜知舆情",节目主持人先梳理一周以来主流媒体所关注的热点,用图表、排行榜等方式进行归纳点评;第二部分是"热词大搜索",选择一周视频点击量高或评论量高的热点事件,引入嘉宾快评,澄清是非;第三部分是"你评我也评",选择一周关注度高的重大的国内国际热点事件,请专家在演播室用专业的分析、科学的解读来回答网友的提问。该节目将电视、互联网、移动新媒体深度结合,创造性地引入"在线观众席",全球网友可以通过手机进行实时抢票,成为当期节目现场参与者,直接分享观点,向嘉宾提问,全程互动。这种融媒体的即时传播与互动方式,既增强了节目的趣味性,也让节目接地气,更有亲和力。

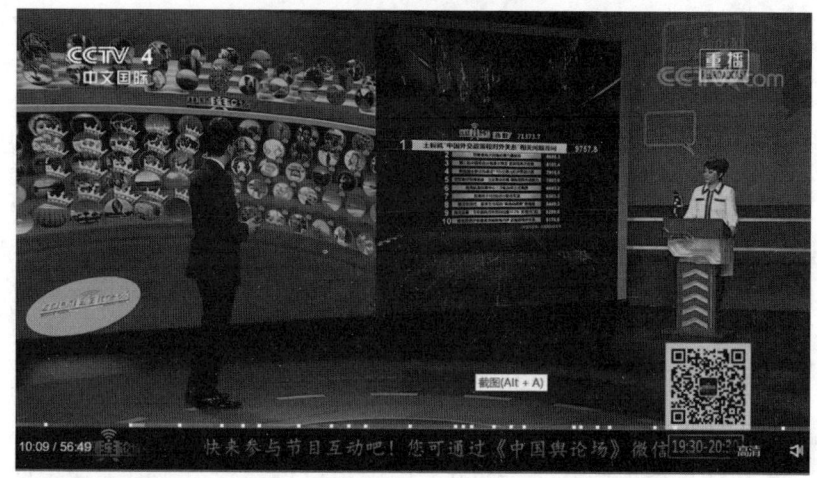

　　图为《中国舆论场》节目现场,两位主持人运用"台网互动"形式在演播厅与网民互动。(图片来源:央视国际)

　　【案例评析】传统的电视新闻评论节目存在主持人与受众互动性弱的问题,《中国舆论场》借鉴融媒体的"台网互动、线上＋线下"模式,将节目做得深入浅出、大众参与度高、互动性强,起到了积极主动引导网络舆论,传播正能量的作用。该节目从以下几方面体现出了融合新闻评论的特征:

　　首先,从节目主题的选取上,不再是节目制作方自上而下的确定评论主题,而是都是通过全媒体大数据分析平台来选取舆论热点事件,换句话说,是将评论主题的选择权放在了受众手中,反映出融合新闻评论传播者与受传者之间的这种平等交流的关系。

　　其次,节目的互动性强。通过运用融媒体技术,节目现场的两位主持人就可以带动人数众多的网民参与评论和发表意见 。该节目设置得比较巧妙的环节,是在屏幕右上方实时呈现节目的收视数字,在节目播出过程中受众可以给现场评论嘉宾投票点赞,用一句话概括,就是"嘉宾评点时事,受众评论嘉宾",这种互动机制增强了受众对节目的参与感,受众不再是被动接受信息,他们只要收看这个节目,也有参与评论的权利,这种实时的参与互动感也会加深受众对节目的忠诚度。

三、实训任务

（一）实训项目名称

1. 观察并分析融合新闻评论的特征。
2. 制作一条融合新闻评论作品。

（二）实训目的与要求

1. 理解并掌握融合新闻评论的特征与风格。
2. 能够独立制作一条融合新闻评论作品。

（三）实训内容

1. 观察并分析某一融合新闻评论专题、栏目或节目的特征，撰写分析报告。
2. 制作一条融合新闻评论作品。

（四）实训方法与步骤

1. 请学生选择某一融合新闻评论栏目、专题或节目作为研究对象，跟踪时间至少 1 个月或更长，分别从评论选题、评论内容、评论风格等方面进行数据采集、统计和分析，并在此基础上撰写一份评价研究报告，字数不少于 2000 字。

2. 学生分小组，每一组要求制作一条融合新闻评论作品，作品形式不限（视频、微博、微信公众号、H5 等形式均可），要求：评论主题鲜明突出；综合运用上融媒体的多样化传播符号；作品表现形式富于创新；体现受众或用户的参与性与互动性。学生作品制作完毕后，在课堂上进行小组展示，每小组选派一名代表展示并发言，叙述本小组做作品时的构思、具体创作过程、遇到的问题与难点等，教师进行小组点评并总结。

参考文献

[1]刘海贵.中国新闻采访写作学[M].上海：复旦大学出版社,2019.

[2]石长顺.融合新闻学导论[M].北京：北京大学出版社,2013.

[3]高钢,潘曙雅.新闻采访与写作[M].北京：中国人民大学出版社,2018.

[4]唐成英.新闻采访与实训[M].北京：北京大学出版社,2017.

[5]刘冰.融合新闻[M].北京：清华大学出版社,2017.

[6]李兰.融合新闻写作[M].杭州：浙江大学出版社,2019.

[7]徐明华.融合新闻报道 新媒体写作指南[M].武汉：华中科技大学出版社,2019.

[8]吕行.言语沟通学概论[M].北京：清华大学出版社,2009.

[9]郑保卫.新闻理论新编[M].北京：中国人民大学出版社,2015.

[10]丁法章.当代新闻评论教程[M].上海：复旦大学出版社,2019.

[11]马少华.新闻评论教程[M].北京：高等教育出版社,2018.

[12]曹林.时评写作十讲[M].上海：复旦大学出版社,2019.

[13]《新闻编辑》编写组.新闻编辑[M].北京：高等教育出版社,2019.

[14]蔡雯,许向东,方洁.新闻编辑学（第四版）[M].北京：中国人民大学出版社,2019.

[15]（美）珍妮特·柯罗茨著；嵇美云,译.融合新闻学实务[M].北京：清华大学出版社,2016.

[16]龚彦方.当代新闻编辑[M].广州：中山大学出版社,2015.

[17]刘冰.融合新闻[M].北京：清华大学出版社,2017.